Jean Clam

Was heißt, sich an Differenz statt an Identität orientieren?

Jean Clam

Was heißt, sich an Differenz statt an Identität orientieren?

Zur De-ontologisierung in Philosophie und Sozialwissenschaft

UVK Verlagsgesellschaft mbH

Bibliografische Information der Deutschen Nationalibliothek
Die Deutsche Nationalbibliothek verzeichnet diese Publikation
in der Deutschen Nationalbibliografie; detaillierte bibliografische Daten
sind im Internet über <http://dnb.ddb.de> abrufbar.

ISBN 978-3-89669-796-7

Covergestaltung: Susanne Fuellhaas, Konstanz
Printed in Germany

UVK Verlagsgesellschaft mbH
Schützenstr. 24 · D-78462 Konstanz
Tel. 07531-9053-0 · Fax 07531-9053-98
www.uvk.de

Inhalt

Einleitung

Die Arbeit geht von den tiefgreifenden kategorialen Änderungen aus, welche die Rahmenbedingungen der Sozialtheorie umgestaltet haben. Sie sammelt sie unter den Begriff der De-ontologisierung und verfolgt dessen Entstehung in der Philosophie. Niklas Luhmanns Theorie erscheint in dieser Perspektive als der am weitesten vordringende Versuch, mit der de-ontologisierenden kategorialen Umgestaltung der Objekte und Denkweisen einer jeden wissenschaftlichen Beschreibung Ernst zu machen. Die Invalidierung tragender, bisher identitätisch-ontologisch gefasster Begriffe wie Sinn, Kommunikation, Handlung, Handelnder, Theorie etc. führt in ihr zum Entwurf einer vollständig erneuerten Theorie der Gesellschaft, die mit allen bisherigen Ansätze der Soziologie bricht. Die neue Theorie stellt ihre Grundorientierung von Identität auf Differenz um und konstruiert ihre Gegenstände bei einem stets mitlaufenden Vorbehalt der Dekonstruktion ihrer stiftenden, aber radikal kontingenten Unterscheidungen.

Eine solche Theorie gerät unter den Zwang, ihre begrifflichen und kategorialen Komponenten stets auszubauen. Sie tut es, indem sie bei einer Reihe von inventiven Ansätzen „Theoriestücke" entleiht. Das Ergebnis ist eine „Supertheorie", die sich in sich selbst differenzialistisch reflektiert und die realisierte Gestalt einer vollständig postontologischen Theorie darstellt. Das Beeindruckende ist aber die Autonomie des theoretischen Aufbaus, der sich im Gegensatz zu den bisherigen Soziologien an keinen philosophischen Entwurf anlehnt noch angrenzt. Das Paradox des Ansatzes ist gerade, dass er zugleich die aller philosophischen Grundlegung meist abgekehrte, allen Problemen der Gründungslosigkeit sozialer Kommunikation jedoch meist zugekehrte sozialwissenschaftliche Theorie ist. Er stellt nämlich sowohl eine philosophisch strikt abstinente Beschreibung moderner Gesellschaftlichkeit als auch die sich am weitesten in die epistemologischen und protologischen Selbstvoraussetzungen von soziologischer Theorie vorwagende Reflexionstheorie dar (Abschnitt I).

Nach einer Skizze der philosophischen Thematiken, die Luhmanns Werk zu einem für den Philosophen höchst anregenden machen (Abschnitt II), entfaltet der dritte Abschnitt die das Zentrum der Arbeit bildende Vertiefung der Problematik einer Philosophie-

Unabhängigkeit von Theorie. Diese Unabhängigkeit wird als Erweis der tatsächlichen Realisierbarkeit einer die Philosophie an deontologisierender Intensität und Beweglichkeit der Differenzorientierung überbietenden Theorie verstanden und als gravierende Herausforderung oder gar reale Überforderung der Philosophie wahrgenommen. Zur Darstellung und Prüfung dieser Herausforderung geht die Arbeit auf Heideggers Werk zurück. Hier liegen Ursprung und Ausformulierung des De-ontologisierungsgedanken sowie die letzte Ausführung eines philosophischen Projekts in klassisch-charakteristischer Geschlossenheit von apriorischem Fragen und denkerischer Weltsinnergründung – nämlich in der in *Sein und Zeit* entwickelten Analytik der Existenz. In diesem Hauptstück wird die von der postontologischen Theorie ausgehende, nicht ausdrückliche Infragestellung der Philosophie verdeutlicht und „hyperbolisiert": die Arbeit probiert insistent, die Erübrigung der eigens-philosophischen Denkdimension kritisch zu erhärten. Sie stößt dabei auf den Weltbegriff und die Realität einer Grenze zu einem unverwischbaren Außen des Sozialen. An dieser Grenze muss, wie die Entfaltung der Weltproblematik es zeigt, die Enteignung der philosophischen Sinnfragen durch wie eigenintellektiv auch immer angelegte Theorien aufhören.

I. Theorie in der Abkehr von Philosophie

Den Gedanken einer destruierenden Kritik der Ontologie hat Heidegger als erster für die Philosophie formuliert. Über dessen Rezeption im französischen Poststrukturalismus entfaltet sich dieser Gedanke zu einem sozialwissenschaftlichen Programm. Es etabliert sich eine kritische Sozialwissenschaft, deren zentrales Streben die Aufdeckung der epistemischen Diskurse sein wird, die die Ausschließung des Anderen und der Andersheit latent betreiben. Die Archäologie dieser Diskurse lässt sich bis in ihre onto-logischen und logozentrischen[1] Anfangsgründe zurückverfolgen und die Ontologik wird, als Logik der Übermacht der Identität über die Differenz, für die exkludierende Dynamik der westlichen gesellschaftlichen Formationen verantwortlich gemacht. Ontologisch ist der Grundsatz des absoluten Vorrangs der Identität – als Messung der Wahrheit und Seiendheit des Seienden an seiner Präsenz in Selbigkeit mit sich selbst – über den intrinsischen Mangel der Differenz.

Die De-ontologisierung in der Sozialwissenschaft nimmt somit die Gestalt einer Archäologie der Differenz an, einer kritischen „Mikrophysik der Macht" (Foucault) und einer Freilegung ihrer präprädikativen Grundlagen in den habituellen Lernprozessen der Alltagswelt (Bourdieu). Neben diesen einflussreichen, tonangebenden Versuchen einer von der oppressiven Logik der Selbst-Präferenz gereinigten Sozialwissenschaft ist eine Theorie entstanden, die sich aus ganz anderen Quellen speist: der Neo-Kybernetik und Kommuikationstheorie, der Systemtheorie und der Formenlogik, der neueren Biologie und Evolutionstheorie. Niklas Luhmanns Systemtheorie, dies ist meine These, bietet die Gestalt der ersten vollkommen de-ontologisierten Theorie in den Sozialwissenschaften. Sie exemplifiziert eine so gut wie vollständig realisierte postontologische Theorie und behauptet sich als solche weit über den Umkreis der Sozialwissenschaften hinaus. Ihre Entwicklung zu einer Supertheorie, welche die Theorie ihrer selbst in sich selbst enthält, macht sie zu einer epistemologischen Matrix de-ontologisierter wissenschaftlicher Beobachtung. Eine postontologische Wissenschaftstheorie lässt sich aus

---

1 Phallogozentrismus ist dann der Sammelbegriff für die Genealogie der Exklusionsdiskurse, bei Barry Sandywell 1996 zB.

dieser Matrix kopieren und weiter ausbauen. Mit der Verwirklichung einer solchen Theoriegestalt ist eine Folie geschaffen worden, gegen die klar werden kann, dass die Realisierung des De-ontologisierungsprogramms in den kritischen Ansätzen mangelhaft bleiben muss, solange die Paradoxien der Kritik selbst – die denkschematisch onto-logische Figuren beibehalten muss – nicht anerkannt werden.

Diese Theorie erweist sich also in der Lage, die Differenzproblematik so weit durchzuvollziehen, dass sie in Bezug auf eine jede sozialwissenschaftliche Beobachtung die Stellen und das Maß ihrer Unterbietungen des Umdenkungsprogramms aufdecken kann. Dies gelingt ihr nur, weil sie eine Reihe von Anlagen und Werkzeugen vereinigt, die sie stets an der Erreichung von identitätischen Verfestigungen verhindern. Das zentrale Bestreben der Theorie gilt der Erhaltung von Wendigkeit und Beweglichkeit der Beobachtung aus der Alternativität von vielen möglichen, in sich kontingenten Unterscheidungen. Damit erlangt sie ein seltenes Reflexivitätsniveau, das ihr zur Überschau der Funktionsweise anderer Beobachtungsweisen verhilft. Davon sind nicht nur die kritischen – oder, um es mit Sandywell (1996) zu sagen, kritikalistischen – Ansätze getroffen. Die Philosophie selber gerät in die Verlegenheit, die de-ontologisierende Orientierung an Differenz, die sich in dieser indefinit reflexiven Theorie vollzieht, ihrerseits zu reflektieren. Besonders erschwerend wirkt sich dabei der Umstand aus, dass eine solche Theorie in völliger Unabhängigkeit von jeglicher philosophischen Grundlegung ausgearbeitet wurde. In ihrer Philosophieabgekehrtheit ist sie auch in unerschlossene Problemgebiete eingedrungen, die sie sich erst durch Vervielfältigung und Kreuzung ihrer leitenden Unterscheidungen eröffnet hat. Die Frage, die sich dann stellt, bezieht sich auf die Notwendigkeit und die Funktion von Philosophie. Hat sich diese Form des Fragens und des Intellegierens nicht erübrigt, wenn reflexivitätspotentere Ansätze zur Verfügung stehen, die eine flexiblere, nicht monotextualisierende, durch Apriorizitätsannahmen unbelastete Problemdurchdringung möglich machen? Eine als solche unbeabsichtigte, nichtsdestoweniger kruziale Herausforderung der Philosophie steht dann unübersehbar im Raume.

Im Folgenden sollen die Bedingungen theoretischer Intellektion, wie sie sich heute im Rahmen einer aus gekreuzten Perspektiven und protologischer Differenzerhellung wachsenden Informativität geben, umrissen werden. Als exemplarisch bei der Wahrnehmung dieser neuen Bedingungen gilt uns Luhmanns Theoriebildung. Sie schafft einen Kontrast zu der letzten Gestalt von Philosophie, welche die Denkstile des aprioristischen Fragens weiterführt, nämlich Heideggers Existenzanalytik[2]. Mit beiden wollen wir das Problematische unserer Denklage erkunden. Der Weg führt über neue Einsichten in den Sinn und die Möglichkeit von Theorie und Philosophie.

1. Das Verhältnis von Soziologie und Philosophie

Seit der Entstehung einer Wissenschaft des Sozialen in der Mitte des 19. Jahrhunderts gibt sich das Verhältnis dieser Wissenschaft zur Philosophie klassischerweise folgendermaßen zu denken: es wird der Philosophie eine allgemeinere und prioritäre Kompetenz zuerkannt, während die Soziologie neuartig die Bedingtheiten der gesellschaftlichen Sinnbildung selber klärt. Dies führt zu einem *Verhältnis der Angrenzung und Anlehnung*.

Die Emergenz der Soziologie aus den historischen Wissenschaften bringt die Determination der Organisationsformern der Gesellschaft durch erkennbare, faktische Gesetzmäßigkeiten zu Bewusstsein[3]. Sie löst eine Krise in der Kultur und eine Verunsicherung ihrer geltenden Selbstbeschreibungen aus. Comte, Taine, Renan und Durkheim versuchen die ungebändigte kritische – und paradoxische – Potenz einer solchen Aufdeckung eigener Determiniertheit durch Selbstbeschränkung der Wissenschaft auf die Positivität der Tatsachen zu kanalisieren. Zu Vieles und zu Verschiedenes konnte nämlich aus der These der geschichtlichen Determination der Sinngebilde, die einer Gesellschaft gelten, abgeleitet werden. Sie überließen es der *Philosophie*, solange das Grunddogma der Unbezweifelbarkeit und Überlegenheit der faktenpositivistischen Methodik unangetastet blieb, das *weltanschauliche Gerangel um die Konsequenzen der soziologischen Gesetzmäßigkeiten* zu veranstalten. Simmel, Weber und Scheler waren ihrerseits geneigt, ein in der deutschen transzendentalphilosophischen Tradition kristallisiertes, von Dilthey zu Cassirer stets verfei-

2 Ich klammere in dieser Studie die späte Seinsphilosophie Heideggers aus.

3 Dies gelingt erstmalig mit Comte und Marx. Vicos Entwurf konnte nicht an ein Konzept von induktiv bewährter, über die Instrumente ihrer Generalisierung verfügender Geschichtswissenschaft anschließen – solche Instrumente sind eine an der Textgattung orientierte Exegese, eine lautgesetzlich gesicherte Philologie, eine Technik- und Stilentwicklungen systematisch rekonstruierende Archäologie, eine nach Produktionsmodi das historische Kontinuum periodisierende Ökonomie.

nertes Beziehungsmodell von Spezialwissenschaft und Philosophie gelten zu lassen. Die Philosophie blieb im *Besitz der* (transzendental)*apriorischen Fragestellung*. Sie hatte die in der Lebenswelt und den Wissenschaften vollzogenen Sinnentwürfe von Welt und Weltregionen zu reflektieren. Insofern war sie prototheoretisch zuständig für die epistemologische Klärung des Entwurfs von eigenen spezifischen Gegenstandsbereichen durch die Wissenschaften. Darüber hinaus fiel ihr die eventuell *kritische Hinterfragung* der Gegenständlichkeitsstrukturen, die den Weltregionen seitens *der modernen Wissenschaften* instruiert werden[4], zu. Die Spezialwissenschaft der Soziologie konnte sich ihr nicht substituieren, zumal sie selber auf wissenschaftstheoretische Verlegenheiten stieß, mit denen sie allein nicht fertig werden konnte. Die wichtigsten dieser Perplexitäten soziologischen Theoretisierens sind die *kategoriale* und begriffliche *Ausarbeitung des Gegenstands* (i.e. der Gesellschaftlichkeit) einerseits und die *Problematik des Wertbezugs* sowohl des sozialen Handelns als auch seiner wissenschaftlichen Beschreibung andererseits.

Dieses Schema dominiert das Verhältnis beider Disziplinen in der Zeit der Klassiker: Zuständigkeit der *Philosophie* für *Letztbegründung und Letztfragen*, bei Anlehnung der *Soziologie* an ihre apriorischen Konzepte, aber zugleich Freistellung dieser *für alle tatsachen- oder entwurfsmotivierten Thesen und Experimente*. So geht man in der deutschen Soziologie, bei Bewahrung des Schemas, von einem neukantianischen Konzept der Ding- und Wertkonstitution durch Handlungssubjekte (Simmel, Weber) zu einem phänomenologischen Konzept (Scheler, Schütz) über, das über eidetische Anschauung des Erlebnissinnes und Hermeneutik der Existenz zur Differenzierung zwischen philosophischer und empirischer Anthropologie führt[5].

Nach Heidegger leitet sich eine Zeit der *Krisis dieses Modells* ein. Diese Krisis ist vor allem eine solche der apriorischen Diskurse, die einen weitgehenden Schwund ihrer eigenen Plausibilität erleben. Es ist dies ein gewaltiger Bruch, der die doxischen und epistemischen Grundlagen des Zeitalters verwandelt. Am Ausgangspunkt aller philosophischen Fragestellungen liegt nun die Anerkennung der „*Un-*

4 Dies ist das Konzept der Husserlschen *Krisis* (1969). Landgrebe (1975) bietet eine beispielhafte Ausführung dieser Methodik, welche auf dem „Anspruch der Philosophie auf alleinige Kompetenz für [den] Rückgang“ (12) auf die Grundlagen fußt.

5 Siehe dazu Clam 2000.

kraft" der metaphysischen Denkweisen, während soziologische Abhandlungen durch quasi-rituelle Wiederholung des Vorbehalts eines „unter Bedingungen nachmetaphysischen Denkens" zu geschehenden Selbstvollzugs ihre eigene prägnanteste Prämisse markieren. Dies bedingt philosophischerseits den Untergang des Projekts einer philosophischen Anthropologie[6] sowie den Rückzug ins Historische und Analytische. Allgemein ist die Tendenz, die Fragen nach Berechtigung und Fundierung des Letztbodens des Sinnes, solange sie nicht anders als apriorisch anzusetzen sind, auf sich beruhen zu lassen. Hingegen beobachtet man eine *Soziologisierung der meisten Sinnfragen* insofern, als nur noch solche Sinnfragen gestellt werden, die einen Bezug zu gesellschaftlichen, änderbaren – und im weiteren Sinne ethischen – Verhältnissen haben. Die Entscheidung dieser Fragen liegt dann aber nicht mehr in der Hand irgendeines besonders qualifizierten (wissenschaftlichen) Diskurses, sondern in denen der Betroffenen selbst. Es konvergieren unter diesen Bedingungen Philosophie und Soziologie in der Anerkennung der Notwendigkeit der Freigabe von Sinn- und Bestimmungsfragen an Verfahren, die im Zusammenwirken einer Pluralität von Akteuren verankert sind. Beide Disziplinen werden zu Stätten der Bildung von Theorien der Prozeduralisierung von Sinn- und Entscheidungsfindung. Die Soziologie scheint nun selber auf die sowieso in ihr entstehenden Sinnfragen theoretisch begründete Antworten entwickeln zu können. Sie wird somit zur gesellschaftlichen und moralischen Leitwissenschaft.

Die Landschaft, in der Luhmanns Theorie auftritt, ist folglich gekennzeichnet durch den Niedergang des klassischen Modells der Anlehnung der Soziologie an eine ihr stets vorausliegende Philosophie. Diese verliert allmählich die Priorität, die ihr von Anbeginn ein letzttheoretisches Niveau verbürgte. Sie fungiert immer weniger als erste und fundierende Besinnung auf die Grundlagen aller Wissenschaften. Dieser *Atrophie der protophilosophischen Bereitstellung von Grundlagen* entspricht eine *Hypertrophie der Intellektionsansprüche der Soziologie* und eine Überschätzung ihrer Fähigkeit zur Orientierunggebung. Vom alten Beziehungsmodell bleibt nur noch eine vage Zuständigkeit der Philosophie für wissenschaftstheoretische Fragen und für die

6 Dies trifft stark die Fundamentaltheologie, die unter dem Einfluss Heideggers zum Hauptbetreiber und Hauptnutzer der philosophischen Anthropologie wurde. Siehe allg. zum Begriff der letzteren und deren Entstehung in der Phänomenologie, Srubar 1989: 309f.

Diskussion weltanschaulicher Anliegen übrig. In ihr geht es nunmehr, gegenläufig zu ihrer eigenen bisherigen Leistung, um die Freilegung aller impliziten essentialen Setzungen und die Motivierung zu ihrer Rücknahme[7]. Jenseits der Alternative von formaler und materialer Ethik tritt sie der Soziologie die Klärung der Bedingungen unverfälschter Selbstbestimmung ab[8]. Die Letztversicherung beider Disziplinen scheint nunmehr im Vertrauen auf die immanente Rationalität von kommunikativen Verfahren zu liegen.

2. Luhmanns Theoriekonstruktion und die Philosophie

Luhmann bringt in diese Landschaft etwas entscheidend Neues und als solches meistens Übersehenes. Er sieht von Anfang an die im Bereich der soziologischen Theorie waltende Unangemessenheit der überkommenen grundbegrifflichen Anlagen und der leitenden Semantiken. Die Überdehnung des soziologischen Diskurses ist für ihn das Symptom eines Mangels an theoretischer Bemühung. Extrem unzulänglich erscheinen ihm die Rücknahmen metaphysischer Setzungen, die unter anderem Grundbegriffe wie Subjekt, Handlung und Zweck unangetastet lassen. Die Soziologie lebt noch tatsächlich aus dem Vorrat solcher Figuren und ihre Durchsetzung durch Wertgesichtspunkte akzentuiert die Verkehrtheit ihrer Entwicklung. Kurz-

---

7 Metaphysische Setzungen sind auch die Aussagen der kritizistischen und der an strenger Reduktion orientierten Ansätze – der Rücknahme aller „natürlichen" Ontothetik. Vernunftkritik und reine Phänomenologie sind auch von der Deplausibilisierung der Metaphysik betroffen durch ihre Annahme eines transzendental verbürgten fundationalen Niveaus. Daran ändert ihr Auftreten als Metaphysikkritik nichts. Die Nähe von Konstruktivismus und Transzendentalismus (bezüglich der Methodik der Rückführung aller Dinge auf Weisen einer strukturierend-projektiven Erfahrung) ist oft bemerkt worden und die Bereitschaft zur Gleichsetzung beider ist groß – Jensen (1993: 47) findet alle Motive des Konstruktivismus schon bei Kant, Peirce und den Physiologen vorhanden. Siehe ebenfalls dazu Nassehi 1993a: S.157, der die Umstellung von Transzendentalismus auf Konstruktivismus als eine die Kantsche De-ontologisierung potenzierende zweite Deontologisierung präsentiert. Sie geht mit einer Änderung der Problemstellung einher: von der Wie-Frage der Möglichkeit von Erkenntnis, *obwohl* sie die Realität nicht erreichen kann, zur Wie-Frage der Möglichkeit von Erkenntnis, *weil* sie die Realität nicht erreichen kann.

8 Man müsste sagen: herrschaftsunverfälschter Selbstbestimmung. Die Aufsaugung der Reflexivitätsproblematik durch die Soziologie dokumentiert das beeindruckende Werk Barry Sandywells (1996), das mit seiner Unterscheidung von „reflection" und „reflexivity" eine Art Unzertrennlichkeit von Philosophie und Sozialwissenschaft begründet.

um, die *Herausforderung einer wahrhaft postmetaphysischen Theorie der Gesellschaft* ist nicht ermessen worden.

Luhmann sah seine Aufgabe darin, die Idee einer solchen Theorie auszuarbeiten. Dies tat er, indem er die Bestandteile der Theorie nach und nach lieferte. Sein Programm war insofern zweischichtig: zunächst galt es, die Idee der Theorie in den Blick zu bekommen, um dann an ihrer Ausführung zu arbeiten. Das Erste war das Schwierigste und Entscheidende. Die Idee entfaltete sich aus einer Maxime, die eine neue Gestalt von Intellektion generieren sollte: „Sich an Differenz statt an Identität orientieren". Die peinliche Beachtung dieser Maxime bei jeglicher theoretischen Entscheidung hat zu einer ungeheueren Bündelung differenzialistischer Stücke und ihrem konzertierten Wirken in einer Gesamttheorie[9] geführt. *Luhmann* ist es somit *gelungen*, bevor selbst die Philosophie davon irgendein Konzept entwickelt hatte, die *Idee und die Ausführung einer postontologischen Theorie zu liefern.*

Luhmanns Projekt blieb lange unverstanden. Erst seine synthetischen Ausführungen in den beiden Werken „Soziale Systeme" und „Die Gesellschaft der Gesellschaft" ließen ahnen, worauf Luhmann hinaus wollen mochte. Denn partielle Beiträge konnten die neue Theoriegestalt nicht wirklich appräsentieren. Es gehörte zum Sinn von Luhmanns Projekt, die Theorie seiner selbst zu enthalten. Denn Tendenzen zur Ent-ontologisierung wissenschaftlicher Beschreibungen waren allenthalben feststellbar[10] – in der Physik der Quantenphänomene z.B. seit langem schon. Doch solche Tendenzen lieferten nur flüchtige Aspekte der gesamten Theoriegestalt, welche noch mit den alten grundbegrifflichen und sonstigen Anlagen vermischt und von ihnen verstellt blieb. Mit dem *Programm einer durchgängigen Umstellung von Identität auf Differenz* hat Luhmann die Losung für die *Ausführung einer Selbstbeschreibung der Gesellschaft* bereitgestellt, *die mit den verän-*

---

9 An die Adresse der Amateure von widersprüchlichen, selbstwiderlegenden Ansätzen der Luhmannschen Theorie sei angemerkt, dass *die* Theorie selbst in keiner einigen Identität oder identischen Einheit kulminiert. Sie wendet sich auf sich selbst an und liest sich differenzialistisch als Ereignis oder Vollzug einer Unterscheidung, die solange „Gültigkeit" hat, als sie Informationswert behält. Das heißt, solange sie als Unterscheidung einen Unterschied macht. Sie ist insofern nicht Einheit, als sie aus der Differenz zwischen einem Unterscheidungsvollzug und einer Irritationsfähigkeit lebt.

10 Die „Konstruktivität" des Sozialen ist, wie Wehrspaun (1993) darauf aufmerksam macht, schon bei Weber eine Prämisse. In diesem weichen Sinn erweisen sich aber fast alle soziologischen Richtungen als „konstruktivistisch" (ibid. 28).

derten Grundlagen epochalen Denkens und Erlebens stimmig ist. Sie ist so breit angelegt, dass sie in philosophisch (und soziologisch) inexplorierte Gebiete führt. Was gerade die philosophische Rezeption von Luhmanns Werk erschwert, ist dessen einsames weites Eindringen in die Verästelungen einer ihrer Idee nach philosophisch noch nicht entworfenen Theorie.

3. Die systemtheoretische Ontologiekritik

Im folgenden Abschnitt wollen wir die Begriffe, die uns zur Charakterisierung der Luhmannschen Theorie gedient haben, vertiefen. Es geht also darum, die Rede von Ontologiekritik und De-ontologisierung zu präzisieren. Dafür dient uns ein genealogisches Vorgehen.

Ansetzen wollen wir bei Luhmanns Differenz-Maxime, um dann nach deren Motiven zu fragen. Dieser erste Abschnitt stellt eine Untersuchung der *systemtheoretischen Impulse zur Ontologiekritik* und zum Programm einer De-ontologisierung der Sozialwissenschaft dar.

Dann gehen wir über zum Umriss einer *postontologischen Theoriegestalt*, die nicht mehr mit der Verwindung der Ontologie beschäftigt ist, sondern ihre differenztheoretische Basis besitzt und sich auf ihr entfaltet.

3.1 Motivanalyse der allgemeinen De-ontologisierungstendenz

Die Fragestellung, die sich um die Umkehrung des Primats von Identität bzw. Einheit im Verhältnis zu Differenz bildet, hat mehrere Herkunftshorizonte. Zuerst und am eindringlichsten spricht sie sich in Heideggers Kritik der metaphysischen Ontologie und ihrer tragenden Orientierung an der Vorhandenheit als gegenständlichem Gegenwärtigsein aus. Später taucht die Differenz als zentraler Bestandteil von Wirklichkeit oder Gegebenheit in der poststrukturalistischen Philosophie eines Derrida oder der Gesellschaftstheorie eines Luhmann auf. Genau besehen, ist die Maxime „Sich an Differenz statt an Identität orientieren" als solche und in diesem Wortlaut nur in letzterer Theorie zu verorten. In diesem Abschnitt geht es darum, nach den *Motiven der Luhmannschen De-ontologisierungsforderung* zu fragen. Warum kristallisiert sich gerade in der Sozialwissenschaft ein solches radikales Programm des Umbaus der kategorialen Grundlage wissenschaftlicher Thematisierung? Wie ist das Bedürfnis nach einer solchen Umstellung der primärsten Anzeige von Gegenständlichkeit überhaupt entstanden? Warum gerade in der Wissenschaft vom Sozialen?

Noch einfacher: *warum muss eigentlich die „Ontologie" zerfallen* oder warum ist sie zerfallen? Was ist an ihr so verkehrt? Warum muss ihr Zerfall gefördert, betrieben werden? Wie erklärt sich die Tatsache, dass Philosophie und Sozialwissenschaft voll von Destruktions-, Dekonstruktions- und Differenzprogrammen sind? Ich formuliere eine Reihe von Hypothesen, sondere dann die ergiebigsten aus und entfalte die De-ontologisierungsproblematik an Hand der Luhmannschen Kritik.

a. Eine erste Hypothese wäre die einfachste: die nämlich, dass die ontologischen Grundannahmen irgendwann in Philosophie oder Sozialwissenschaft widerlegt und damit verungültigt worden sind. Wir könnten sie die *Widerlegungsauffassung* nennen. In ihr geht es nämlich um eine Art allmähliche Aufdeckung der Falschheit einer unsubstituierbaren Reihe von ontologischen Prämissen.
b. Eine zweite Hypothese geht mit der Entdeckung von Gegenstandsformen einher, welche die charakteristische Geschlossenheit, Beharrlichkeit und identisch-einheitliche Anwesenheit aller ontologischen Gegenständlichkeit nicht mehr besitzen. Dies entspricht einer *gegenstandstheoretischen Auffassung*, die sich auf die Emergenz von neuartigen gegenständlichen Strukturen beruft, um das Weiterbetreiben ontologischer Präsuppositionen zu suspendieren. Wenn z.B. (mikro)physikalische Phänomene nicht mehr mit der Gegenstandsform Partikel, sondern Welle beschreibbar sind; wenn biologische nicht mehr mit deterministischen Konzepten, sondern nur noch mit Annahmen über kreative, die gegenständliche Identität konstituierende Rückwirkungen konstruiert werden können; dann wird eine kategoriale Umstellung von Substantialität auf Kontingenz benötigt. Eine jeweils unterschiedlich breite Anlage für eine allgemeine, transdisziplinäre, dies vollziehende Umstellung bietet die general systems theory in ihren verschiedenen Fassungen[11].
c. Die dritte Hypothese stellt die De-ontologisierung als einen anonymen, geschichtlichen Prozess dar. Sie liest ihn als einen Zerfall

11 Siehe: Sutherland 1973, sowie in Luhmann, N., Maturana, H., Namiki, M., Redder, V., Varela, F., 1992a den Beitrag von M. Namiki über die Konstruktion der Objekte der Quantenphysik.

der Plausibilität der wichtigsten ontologischen Prämissen. Der Prozess wird gekoppelt an Umstellungen in der Gesellschaftsstruktur und lässt sich als einen Umbau der tragenden historischen Semantiken der betreffenden sozialen Kommunikation auslegen. Dies wäre die *Plausibilitätszerfallsauffassung*. Der Rückgang der ontologischen Sichtweisen – als Entwürfe von grundlegenden Gegenstandsformen – ist hier unumgänglich bedingt durch die gesellschaftsstrukturändernden Prozesse[12] und belegt sich in Transformationen der wichtigsten Sinnentwürfe sowohl der sozialen Lebenswelt als auch der epistemischen Diskurse[13].

d. Die vierte Hypothese nimmt ihren Ausgang von der Entdeckung der differenziell-oppositiven Natur der Bedeutung und ihrer unablösbaren Verankerung im bedeutsamen Zeichen. Sie potenziert die revolutionäre Tat Saussures, indem sie über die Auflösung der Bedeutungsidentität und -einheit hinausschreitet und die Differenz tiefer legt, nämlich in eine allen Bedeutungskontexten vorausgehende, von sich aus Bedeutsamkeit ereignende Vorgängigkeit des Zeichens oder der Schrift. Dies entspricht einer Lektüre der Regression von Ontologie als unumgehbarer, schon vollzogener, in unserer heutigen Kultur stets tatsächlichen Sprengung der geschlossenen, identitätsfesten gegenständlichen Kerne durch eine ihnen intrinsische Vorausverweisung von Differenz. Die ontologische Auslegung des Seins als Anwesenheit, die eine solche identitäre Auffassung gestiftet hatte, weicht von selbst den immer stärker in Philosophie, Literatur, Kunst und Wissenschaft hervortretenden Momenten der strukturellen Ambivalenz. Die *Textualitätshypothese* bezieht sich auf die in Lebenswelt und höherer Kultur überwältigende Offenbarung der (Kon-)Textualität aller

12 Die semantische Evolution führt, über unthematische grundbegriffliche Verständigungen, von der Dominanz einer Sinngebungsrichtung zur Dominanz der anderen. Die Frage nach den Gründen dieser Evolution wird unterschiedlich beantwortet. Sie weist aber regelmäßig in die Richtung der tragenden Konzepte der jeweiligen Soziologien: Division du travail (Durkheim), Wandlungen der materiellen Basis (Marx), Rationalisierung und Säkularisierung (Weber), funktionale Differenzierung (für die Wandlung der Semantiken der Moderne, Luhmann). Die Wandlungsprozesse selber sind *in concreto* sehr komplex und sind koextensiv mit dem „social change" selber.

13 Siehe Luhmann 1981-1995, insbes. in Bd. 1 die Studie: „Gesellschaftsstruktur und semantische Tradition", S. 9-71.

Gegenwart und wirkt wie eine selbstgetriebene Destruierung der ontologischen Rahmen aller Gegenständlichkeitsentwürfe[14].

e. Die fünfte Hypothese lässt die ontologischen Grundannahmen an ihren eigenen Voraussetzungen zerfallen. Die Ontologie fordert eine bruchlose Geschlossenheit und Konsistenz ihrer Identitätsstiftungen, die sie nirgends einhalten kann. Die ontologische Wirklichkeit ist durchsetzt mit Paradoxien und wird von ihnen zersetzt. Verfolgt man den Gründungsaufbau der ontologischen Welt bis in ihre Fundamente, lässt man ihre rationalen Rechtfertigungsstränge aufgehen, so kommt eine Reihe von abgründig-zirkulären Figuren zum Vorschein. Keine theoretische oder philosophische Konstruktion vermag die ontologische Realität von ihren „schwarzen Löcher" zu reinigen. Ihr Mangel an Selbststimmigkeit ist kategorialer oder, genauer, protologischer Natur. Alle Versuche, mit nach wie vor ontologischen Mitteln die Ontologie zu ent-paradoxieren, erweisen sich als Scheinlösungen. In diesen Problemrahmen fügt sich ein Versuch wie der Spencer Browns[15], eine präidentitäre Urlogik (Protologik) zu entwickeln, welche die Differenz und die Paradoxie als die Anfangsvollzüge alles Denkens ansetzt. Hier zerfällt die Ontologie am Ungenügen ihrer eigenen Vollständigkeits- und Konsistenzprämissen. Dies motiviert eine *paradoxologisch-protologische Auffassung* der Ausweglosigkeit von Ontologie und öffnet eine interessante Perspektive auf postontologische Horizonte.

f. Die sechste Hypothese sieht, wie die vierte, in der De-ontologisierung einen anonymen Prozess, der aber im Gegensatz zum bereits beschriebenen in keiner gesellschaftsstrukturellen Wandlung begründet ist. Der Ontologie-Zerfall ist eine geschichtlich-epochale Tatsache, die in einer Verfinsterungsbewegung dessen, was Sein ist, Gestalt annimmt. Sie kulminiert im Nihilismus der Moderne und als Moderne. Ein solcher Prozess ist grund-los, weil er allen anderen ursächlichen Prozessen vorausläuft und die Entfaltungsräume für sie erst einräumt. Er kann insofern in keine semantischen, wissenssoziologischen oder allgemein gesellschaftlichen Bezüge eingebettet sein. Die *seinsgeschichtli-*

---

14 Der Saussure'sche Text ist der *Cours de linguistique générale* (1985). Was Derrida angeht, so verweise ich auf die grundlegenden Texte: La voix et le phénomène, 1993; La dissémination, 1972; sowie Limited Inc., 1990 und Force de loi, 1994.

15 Spencer Brown 1969.

che Auffassung von der Verungültigung der ontologischen Welt- und Gegenstandsgegebenheit setzt die Erschlossenheit von Sein und Welt an den Uranfang und hat deswegen keine Gründe dafür. Tatsache ist allein der jeweilige Modus der Erschlossenheit, das jeweilige Seinsverständnis als Sinnentwurf von Welt. Die äußerste Verfinsterung des Seinssinnes in der durchgängigen Verdinglichung des Seienden verhärtet dermaßen die Weltbezüge des Menschen, dass dieser zur Verwindung dieses nichtenden Modus der Weltergreifung gedrängt wird. Dennoch kann die freie Überwindung dieses Modus nur vom Sein her gelingen, von seinem Geschick und seinem Anspruch.

Die erste Hypothese ist eine konstruierte, die keiner tatsächlichen philosophischen oder sozialwissenschaftlichen Position entspricht. Sie macht wenig Sinn, weil die Refutationsfigur, die sie benutzt, selber noch tief in ontologischen Strukturen befangen ist. Die Widerlegung vollzieht eine argumentative Prüfung des Behaupteten und zeigt darin entweder materiale oder formale Unstimmigkeiten auf. Bei der materialen Inadäquität handelt es sich um Messungen an der Sache, welche die „Erreichbarkeit“[16] dieser Sache selbst voraussetzen. Bei der formalen geht es hingegen um den Selbstwiderstreit von Annahmen oder Schlüssen, welche, zu Ende gedacht oder gefolgert, zur gleichzeitigen Bejahung und Verneinung derselben führen. Beide Widerlegungsprozeduren bauen auf denselben Prämissen der in ihnen widerlegten Sätze. Die *Widerlegungsfigur* ist *selber eine intrinsisch metaphysisch-ontologische Figur*, weil sie sowohl die adaequatio-Struktur reproduziert als auch die Reduzierung alles Sinnes und aller Sinnerschlossenheit (Wahrheit) auf Aussagen und Sätze vollzieht.

Die Konstruktion der ersten Hypothese ist lehrreich insofern, als sie klar macht, dass *ontologiekritische Motive nur mit radikalen Umdispositionen einhergehen* können. Sie verlangen einen kategorialen Umbau der prototheoretischen Ansätze. De-ontologisierung ist, in unserem Sinn, erst gegeben, wenn die Schwierigkeiten mit den geläufigen vergegenständlichenden Vorstellungsmodi eine Intensität erreichen, die zu einer Zersetzung der überkommenen Kategorien führt und zu einem Überschritt zu neuartigen Grundstrukturen nötigt.

16 Der Begriff der „Erreichbarkeit“ ist von Peter Fuchs geprägt und von Luhmann 1997b, S. 866ff. übernommen worden. Er ist ursprünglich zur Bezeichnung der spezifischen ‚Indeterminacy‘, die bei geschlossenen Autopoiesen der Sinnprozessierung auftreten, ausgedacht worden.

Besonders relevant in unserem Zusammenhang sind die zweite und dritte Hypothese (die gegenstands- und die plausibilitätstheoretische). Zwei andere, die Textualität- und die Paradoxie-Hypothese, werden in die Luhmannsche Ausführung einer postontologischen Theorie voll integriert. Allein die historiale, seinsgeschichtliche Auffassung findet bei ihm keine direkte Verwendung. Doch wirksam ist sie noch über den Umweg einer frühen Beschäftigung mit Heidegger sowie der späteren Heidegger-Rezeption bei den Denkern der Postmoderne. *Luhmann* hat von beiden Momenten her ein *scharfes Bewusstsein vom epochalen Charakter* der historischen Kristallisationen *sozialer Kommunikation* gewonnen. Er hat von Heidegger das *Motiv der unwiederbringlichen Auflösung der metaphysischen Ontologie* übernommen und es um eine Reihe anderer, von der Systemtheorie herrührender Motive erweitert[17].

3.2 Luhmanns kategoriale Neugestaltung von Theorie

Die systemtheoretische Ontologiekritik, die Luhmanns Werk durchzieht, verbindet alle vier genannten Hypothesen zu einer originellen, *mehrdimensional de-ontologisierten Theorie.* Als Vorbereitung auf die Vorstellung dieses Theorietyps versuche ich ein Bild von der fortschreitenden Ausgestaltung seiner Motive nachzuzeichnen. Den Ansatz bildet eine *komplexitätstheoretische* Betrachtung, die sich in zwei Richtungen vollzieht:

a. *Gegenstandstheoretisch* zunächst. Die *metaphysische Ontologie* ist eine Gegenstandstheorie von *unkomplexen Entitäten.* Sie kennt nur selbstidentische, abgeschlossene, ad extra transitiv wirkende, ab intra hierarchisch und teleologisch organisierte Entitäten. Sie hat keinen Platz für selbstdifferente Gegenstände, die einzig als Differenz zwischen einem aktuell auf sich selbst verweisenden Vollzug und der in ihm als das Andere zu ihm (als dessen Fremdreferenz) eingeschriebenen Umwelt identifiziert werden können. Solche strukturell auf Komplexität und Komplexitätsentfaltung ausgerichteten Gegenstände werden Systeme genannt. Ihre Identität und ihre Einheit sind nicht kategoriell verbürgt. Im Gegensatz zu Gegenständen der metaphysischen Ontologie sind Systeme dadurch, dass sie gegeben sind, nicht schon selbstidentisch, nume-

---

17 Dies ist sehr deutlich seit den frühen Aufsätzen und kulminiert in dem Werk: Grundrechte als Institution 1986.

risch einheitlich, essentiell vollständig und ontisch perfekt oder von sich aus gegeben. Es besteht hier gar keine Äquivalenz zwischen allen diesen transzendentalen Attributen des Seienden. *Systeme existieren nur als Operationsvollzüge der Reflexion des sie stiftenden Unterschieds zu einer Umwelt.* Sie bilden die *postontologische Gegenstandskategorie* einer Protobeobachtung der Welt als komplex. Komplexität heißt dann Unwahrscheinlichkeit des Gegebenen. Sie kommt zum Vorschein, wenn die Beobachtung des Gegebenen es nicht als Perfekt (immer schon vollständig und geschlossen-seiend) erfährt, sondern ihm einen weder eidetisch noch deterministisch garantierten Verbund von Prozessen supponiert. Ist die Welt nichts anderes als ein Geflecht von Systemen, so wird der Gründungsaufbau aller Wirklichkeit, wie sich ihn die Ontologie gedacht hat, hinfällig. *Teleologie, Univozität, Hierarchie, Transitivität* sind die *Paradigmen einer unkomplexen Beschreibung* von Sinn, Ordnung und Bestand. Sie sind von keinem Nutzen, wenn es darum geht, mikrophysikalische probabilistische Verdichtungen einer entkernten Wirklichkeit zu beschreiben. Sie scheitern ebenfalls, wenn es z.B. darum geht, biologische Prozesse des immunisierenden Feed-back oder auch soziologische Prozesse der Funktionalisierung von Formalität und Informalität in der Organisation zu rekonstruieren.

b. *Modalontologisch*: die *metaphysische Ontologie* unserer Tradition baut wie selbstverständlich auf dem *Primat der Aktualität* gegenüber allen anderen Seinsmodi auf, die folgerichtig als defiziente Modi eines *ens diminutum* erscheinen. Möglichkeit, Unmöglichkeit, Wahrscheinlichkeit werden als solche Modi – als Möglichkeit, Unmöglichkeit, Wahrscheinlichkeit – von Aktualität verstanden. Damit verengt die Ontologie den Seinssinn auf die Dimension des identisch beharrenden, voll es selbst seienden Anwesenden. Es entsteht ein Seinsvorzug der Wirklichkeit als Verengung auf das aktuell verwirklichte Band des Potentiellen. Die komplexitätstheoretische Beschreibung der Wirklichkeit muss *diese Verengung sprengen* und die Kontingenz als das einführen, aus dem her und in Bezug worauf die aktualisierte Wirklichkeit sich ereignet. Die *Welt* erscheint dann *als* ein seinsmodaler Horizont aller Horizonte, als ein *unausschöpfbarer Grund von Kontingenz*. Es sind immer mehr Möglichkeiten da, als das System (d.h. die System-Umwelt-Differenz) prozessieren kann. System und Ordnung leben aus diesem Kontingenzhintergrund (der als „Lärm“ und als Generator von Alternativen fungiert). Nicht nur ist alles Wirkliche stets anders möglich als es ist; nicht nur gibt es stets unendliche Alternativen zum Bestehenden; sondern diese Alternativen können äquifunktional zum Existierenden sein und müssen als solche den Sinn und Seinssinn dieses unmittelbar mit ausmachende Bestandteile betrachtet werden. Gleichwahrscheinliche systemische oder teilsystemische Alternativen zu den faktisch-ontisch verwirklichten Prozessen müssen nämlich als diese selbst mit ausmachende Komponenten gelten. Luhmann nennt „*Ontizität*“ die typische Beobachtung der Wirklichkeit, die sie als naturhaft so verfasst ansetzt, wie sie sich als verwirklicht gibt. Ontizität ist dann gleichbedeutend mit *Alternativlosigkeit* – oder Analternativität, könnte man sagen. Das Seiende wäre das, was ist, und das Sein wäre von sich aus unabänderlich gestalthaft ausgemacht. Typisch für ontizitätsorientierte Beschreibungen der Wirklichkeit sind solche, die alle Arbitrarität des Wirklichen ausschalten und an deren Stelle eine transzendente Instanz, die in der Regel *Natur* heißt, setzen: Naturrecht, natürliche Institutionen, natürliche (gerechte) Preise, mimetologische Sprachlehre, mimetische Kunst, apriorische Ordnung der Werte etc. Der Durchbruch zur komplexen Beschreibung vollbringt einen massiven Import von Kontingenz in die beobachtete Wirklichkeit und improbabilisiert sie gründlichst. Die Durchsetzung von funktionalen Alternativen aus dem allumfangenden Kontingenzhorizont der Welt muss als *Probabilisierung des Unwahrscheinlichen* rekonstruiert werden. Die nichtaktualisierten äquifunktionalen Alternativen bilden, darüber hinaus, den dichteren Kontingenzschatten aller Aktualität. Sie begleiten das Verwirklichte als dessen nächste Virtualitätsgrundlage, nämlich jene, die im Unterschied zur globalen, unspezifizierten Weltkontingenz als nächstmögliche einen ständigen destabilisierenden (Variations)Druck auf die Systemvollzüge ausübt und sie zur Bewährung zwingt – d.h. zur Gewährung einer stets performanten Komplexitätsreduktion nötigt. Die Beobachtung des Gegebenen als komplex ist nur möglich auf der *modalen postontologischen Grundlage eines Primats der Kontingenz*: als *Äquiprobabilität* aller im Welthorizont ruhenden Alternativen; als spezifische *Improbabilität* des in der Weltaktualität verwirklichten Aktuellen, das seine Aktualisierung einer speziellen Probabilisierung verdankt, so dass die Improbabilität die Folie für eine evolutionär spezifische Probabilisierung bildet; als *Äquiimprobabiltät* der (äquifunktionalen) virtuellen Alternativen zu diesem Wirklichen.

Eine Vertiefung erfährt die Luhmannsche Ontologiekritik mit der fortschreitenden Entwicklung einer breiteren theoretischen Grundlage für eine immer reflexiver werdende Beobachtung der Komplexität. Grundbegrifflich artikuliert sich die Theorie zunehmend an konzeptuellen Figuren, welche die Reflexivitätsdimension stärker zum Ausdruck bringen. Kristallisationspunkt dieser Entwicklung ist der Autopoiesis-Begriff. Der *Weg von der Komplexität zur Autopoiesis*[18] wird beschritten im Durchdenken des fundierenden Sachverhalts komplexer Gegenständlichkeit als der asymmetrisch reflexiven Leistung, welche die Systemvollzüge an ihren eigenen operativen Maßstäben und Konsistenzen orientiert, bei gleichzeitiger Einbettung der Fremdreferenz zur Umwelt als der stiftenden Unterscheidung von Umwelt und System in dieses selbst. Die Eruierung der vielen schwierigen, meist zirkulären Relationen, welche diesen Sachverhalt der undurchbrechbaren Selbstbezogenheit kennzeichnen, entfaltet sich als Autopoiesis-Theorie. Diese mobilisiert die obengenannten De-ontologisierungskonzepte, interessiert sich aber immer mehr für die mundanen Gebilde, die nicht nur strukturell jene Unmöglichkeit des Herausstehens aus sich und des Objektkontakts aufweisen, sondern die selbst in die sich eben vollziehende Theorie der Reflexivität einbezogen sind. Ein solches mundanes Gebilde ist z.B. das System Wissenschaft und insbesondere Wissenschaft des Sozialen, das in der Erzeugung der Autopoiesis-Theorie als einer seiner spezifischen Leistungen selbst an sich selbst autopoietische Beobachtung betreibt. Mit diesem letzten Schritt in Richtung auf *Selbstreferentialität des Gedankens der Selbstreferentialität* selbst wird die letzte *Abnabelung aller Weltbeobachtung von irgendeiner ontologischen Referenz* vollzogen. Alle mundanen Gebilde sind komplex, insbesondere meine eigene Beobachtung meiner Beobachtung. Damit muss diese mit ihrer eigenen Bewegung driften und muss gewahr werden, dass höchst reflexive Theorien, welche die Form

18 Die meisten Kommentatoren (Krause 1999, Kneer/Nassehi 1993, Reese-Schäfer 1992) periodisieren das Werk auf diese Weise. Diese Ansicht ist robust und es gibt keinen Grund, ihr nicht zu folgen. Eins muss nur unterstrichen werden, nämlich die beeindruckende Reichhaltigkeit der Anfänge, welche die reifsten Gedanken der späteren Ausarbeitungen der Theorie schon voranküdigen.

einer sich in sich selbst reflektierenden „Supertheorie“[19] annehmen, den Griff nach irgendeiner Form von ontologischer Sicherheit nur noch eitler machen. Mit dieser in vielfältigen Figuren, Stufen und Dimensionen in Luhmanns Arbeit immer wieder vollzogenen Selbstrelationierung aller Selbstrelationierungen und Selbstrelationierungsgedanken schließt sich endgültig die Theorie in sich ein. Sie schließt sich damit von jeglicher Anlehnung an einen außer ihr stehenden, nicht ähnlich selbstrelationierten theorematischen Gebilde aus.

3.3 Der Weg zur Autopoiesis

Zur Verdeutlichung dieser Entwicklung von der Komplexitätstheorie zur Autopoietologie könnte die folgende kurze Anzeige ihrer wichtigsten *Etappen* nützlich sein:

a. Am Anfang steht die *Kritik der Teleologie* in der Soziologie der Organisation. Sie erweitert sich zu einer allgemeinen Kritik des Zweckbegriffs als des fundierenden Begriffs einer Transitivität des Aufbaus von Organisationsfaktoren in allen institutionellen Fakta. Mit dem Aufzeigen der Doppelbödigkeit der Komplexitätsreduktion, die nicht nur über Wahl der Mittel, sondern gerade auch über die der Zwecke läuft, *verliert der Zweck seine* Übergeordnetheit und seine *Orientierungsfunktion*. Er wird selber fließend und kann nicht mehr das axiale Element in der Ausgestaltung einer Organisation nach hierarchisch-transitivem Muster abgeben. Er ergibt sich selbst funktional aus den Leistungen eines komplexen Systems, das stets die es durchziehende und konstituierende Differenz zur Umwelt in seinem eigenen, selbstreferenziellen Aufbau aushandelt.
b. An diese Teleologie-Kritik schließt eine Revision der von Parsons und der Kybernetik übernommenen Systemtheorie in Richtung auf eine, wie man sagen könnte, *differenzialistische Ontologie* an. Das einzelne Seiende wird nicht mehr ausmachbar aus dem es sammelnden, ihm Einheit gebenden Eidos, das es ist: die einzelnen Merkmale und Bestandteile dieses Eidos werden nicht vereinigt in diesem Seienden derart, dass jedwede Beobachtung des einzelnen Seienden sich auf die Eingliederung seiner Komponenten in das für sich bestehende Ganze einlassen muss. *Jedes Seiende erscheint auf*

19 Zum Begriff der „Supertheorie“, s. Luhmann 1978, S. 8-116.

dem Hintergrund einer unterscheidenden Beobachtung, die eine Grenze zieht zwischen dem gehaltlich-positiv bezeichneten, seine Identität durch operative Erhaltung der Grenze zu seiner Umwelt vollziehenden Es-selbst (i.e. System) einerseits, und allem durch die Setzung als Nicht-Es Ausgeschlossenen, unbezeichneten (unmarkierten) Anderen andererseits. Das Es-selbst-sein ist Vollzug der Differenz Es/Nicht-Es, wie sie im Es selbst reflektiert wird. Der Standpunkt der Identität eines Seienden ist nicht mehr eine ab-intra-Restitution seiner zu einem Ganzen eingegliederten Komponenten. Die Identität ist auch nicht das Resultat einer Wechselwirkung von internen und externen Rückkopplungswirkungen – wie in der Theorie der offenen Systeme. Die differenzialistische Systemtheorie, wie sie Luhmann bei Einarbeitung der oben angezeigten, weitestgehend de-ontologisierten Ansätze entwickelt, kennt *keine in sich zentrierte Identität, sondern nur ein Ineinander von Identität und Differenz*, dass an sich nichts ist, sondern *nur im operativen Vollzug der Grenzziehung* und Unterscheidung etwas wird.

c. Die Theorie schreitet von hier aus fort zu einer dezidierten Revision der klassischen Ontologie der Nicht-Aktualität. Die *Kontingenz-Ontologie* ist gefordert durch die komplexitätstheoretisch motivierte Neugründung des Systemgedankens als Differenzvollzugs. Dieser Vollzug wäre kein offener und unwahrscheinlicher, wenn er nicht aus der Kontingenz lebte, die als Unterdetermination der Systembildung auftritt. Bei Zunahme der Komplexität, wird das System dazu genötigt, selber Kontingenz zu erzeugen und damit die *Elastizität* seines Differenzvollzugs zu erhöhen. Gesellschaftstheoretisch heißt dies insbesondere, dass die institutionellen Fakta (wie z.B. Organisationen) immer virtualitätsreicher werden müssen, d.h. immer weniger durch eine strikte Teleologie und ihre transitiven Verkettungen gesteuert oder bestimmt werden können. Dies ist die Emergenzstelle von ungemein produktiven Fakta, die Luhmann nach Parsons „*Medien*" nennt. Medien sind transversale Virtualisierungsfaktoren, die durch ganze Bereiche der Kommunikation eine ungeahnte Prozess(verdichtungs)wirksamkeit entfalten. Sie führen vor, wie der Differenzvollzug operativ beschleunigt, generalisiert, mehrdimensionalisiert, kontingenzproduktiv werden kann. Sie zeigen somit die *medial-modal erzeugte*, wesentliche *Potenzierung des Differenzvollzugs* an.

d. Das Konzept einer *Autopoiesis* ergibt sich aus dem zirkulären Entwurf der systemischen Gegenständlichkeit. Ich habe oben ausgeführt, wie sich dieser Entwurf einer undurchbrechbaren In-sich-Befangenheit aus dem Gedanken der Systemidentität als Reflexion der Differenz System-Umwelt (oder Es/Nicht-Es) im System entsteht. Das Entscheidende am autopoietologischen Konzept ist die Tatsache, dass in ihm eine Art nicht-philosophischer Wissenschaftslehre (oder Theorie der Theorie) zu einer ausreichenden Konsistenz gelangt. Mit der Autopoiesis verfügt die postontologische Differenztheorie über eine in sich stimmige, ziemlich *robuste Reflexionslehre*, die alle relevanten Fragen mit ihren eigenen Mitteln angehen kann. Man kann mit ihr sehr weit in reflexiostheoretische, epistemologische und philosophische Fragen vordringen. Angelehnt an eine *Protologik* der Differenz, bewegt sie sich selber in einer Dimension, die man nicht nur protologisch nennen kann, sondern als solche herausarbeiten und begrifflich fassen muss. Dies ist die (postontologische) Dimension einer Art nicht-philosophischer Apriorik, die umso freizügiger ist, als sie, unbeschwert von allen klassischen philosophischen Kontroversen um den Seinsvorzug bestimmter Bereiche (Eidos, Objekt, Subjekt u.a.) sowie von allen Gründungsproblematiken, die sich darauf pfropfen, sich in einer voraxiomatischen, nicht transzendentalen, die Ursetzungen allen Denkens und Beobachtens bloß beobachtenden Ebene entfaltet. Sie wird nicht gehemmt durch ihre eigene Zirkularität und gibt sich von vorneherein als *Paradoxologie* zu verstehen: sie beobachtet das Beobachten allgemein, beschreibt die Minimalstruktur jeglicher Beschreibung, unterscheidet die Urtat allen Denkens und bezeichnet sie als Unterscheidung und Bezeichnung. Sie generiert die Zeit aus dieser Paradox-Struktur heraus, ohne sich in transzendentale oder existenziale Zeitigungsproblematiken zu verwickeln. Sie bildet möglicherweise die *postphilosophische Gestalt aller bisherigen protophilosophischen Problematiken.*

Fassen wir zusammen. Der Grundsatz: ‚sich an Differenz statt an Identität orientieren' entspringt zunächst einem Ungenügen an der metaphysischen Ontologie, die komplexe Gegenstandstypen nicht beherbergen kann. Er motiviert zum Entwurf einer neuartigen Gegenständlichkeitskonstitution. Im Bemühen, die komplexen Gegenstände, welche die Ontologie heillos überwuchern[20], zu fassen, wird eine kategoriale und theorietheoretische Basis für eine autonom de-ontologisierte Wissenschaft geschaffen. Diese Basis erreicht eine beachtliche Selbständigkeit mit ihrer Abrundung im Autopoiesis-Gedanken und der Ablösung ihrer Selbstreflexion und Selbstverantwortung von den apriorischen und anderen fundationalen Konzepten der Philosophie. Sie nimmt dann die Form einer protologisch verfassten Beobachtungstheorie, die sowohl natürliche als auch wissenschaftliche Thematisierungen umfängt.

Im Hinblick auf unsere Fragestellung ist damit die Vorstellung der Theoriegestalt einer de-ontologisierten Sozialwissenschaft im wesentlichen vorbereitet worden. Wir steuern von da aus einen *Vergleich mit Heideggers* Destruktion der metaphysischen Ontologie an, wie sie sich aus den daseinsanalytischen Motiven von *Sein und Zeit* ergibt. Richtunggebend bleibt die *Frage nach der Unempfänglichkeit der einen Theorie für Zentralfiguren der anderen* bei Gemeinsamkeit des Ungenügens an Ontologie und dem Bestreben, neuartige Gegenständlichkeitskonstitutionen zu erschließen.

4. Postontologische Theoriegestalt

Wir haben den Grundsatz , Sich an Differenz statt an Identität orientieren' von seinen Anlässen her in den nicht weiter haltbaren Verengungen der metaphysischen Ontologie expliziert und ihn als radikale Abkehr davon gedeutet. Uns bleibt noch, ihn als, wie ich sagen würde, logismische, d.h. Theoriebildungs-Maxime zu verstehen. Die Frage, die sich nun stellt ist: *Welche Gestalt von Theorie* ergibt sich, wenn man in der Wissenschaft – insbesondere der Sozialwissenschaft – *mit diesem Grundsatz Ernst macht?*

Die Luhmannsche Theorie sucht die Differenzialität ihrer Gegenstände zu erhöhen. Dies bedeutet: sie sucht das komplexitätaufbauende, ordnungsbildende unwahrscheinlichkeitsüberwindende Kontingenz- und Kontingenzverarbeitungs-Potenzial, das in ihnen als System-Umwelt-Fugen liegt, zu entfalten. Die Dinge entsteigen somit ihrer gegenständlichen Amorphie und werden zu unabsehbaren, Neues zu Emergenz bringenden Windungen selbstorganisieren-

20 Eine Untersuchung, welche den Aufbau von Komplexität in der Auffassung von Gegenständlichkeit innerhalb der ontologischen Tradition nachzeichnet, ist Rombach 1965. Lehrreich ebenfalls in dieser Beziehung ist Cassirer 1976.

der Ereignisse. Das methodische *Grundanliegen der Theorie* ist, *ihre Gegenstände* sozusagen *zu re-kontingenzieren* und die ihnen operative Existenz gebenden Differenzen aufzuspüren. Die festen und fertigen Gebilde, die sich um die sie schaffenden Fugen schließen, müssen als Resultate einer *Vollzugsbewegung*, die sich in ihnen ausbalanciert, angesehen werden. Es geht also darum, die stabilisierten Gebilde wieder aus dem Gleichgewicht, ihre fügenden, asymmetrisierenden Vollzüge zum Vorschein zu bringen.

Dies gelingt aber umso besser, je intensiver die Gegenstände der Differenzen und Latenzen freilegenden Arbeit der Theorie ausgesetzt werden. Das heißt, dass dem Systemtheoretiker jede verfügbare theoretische Beschreibung willkommen sein muss, die in sein differenzsollizitierende Beobachtungsweise eingehen kann. Man braucht auf alle Fälle in den Prodromen zur systemtheoretischen Konstruktion der Fakta sozialer Kommunikation mehr als eine Differenz und mehr als eine Theorie, die sie liest. Die *Beobachtungsstandpunkte müssen vervielfältigt werden.* Man muss, innerhalb einer *konstruktivistischen Systemtheorie*, sich aller möglichen Differenzen vergewissern, weil eine einzig relevante nicht gegeben ist. Es sind stets mehrere Differenzen, die gehandhabt werden müssen, bevor oder während die Theorie die relevantesten sondert und sie in ihren den jeweiligen Gegenstandsbereich (ein System, z.B. das Wirtschaftssystem) strukturierenden Entwurf integriert. Dies bedingt einen stark *interdisziplinären Stil* der Untersuchung und stellt ins Zentrum der Theoriebildung *Diffraktionseffekte*, die durch die Aufdeckung und Anbringung inkongruenter Perspektiven an den Gegenstand erzeugt werden.

Abbau von vorgegebenen, eidetisch-teleologischen Identitätsmustern, Einführung von Differenz, Vervielfältigung und Erhöhung von Differenzialität, dies alles führt in die Paradoxien der Grundlosigkeit oder der *Unmöglichkeit der Letztverantwortung* aller einzelnen anfänglichen Differenzen. Ein weiteres Charakteristikum der Theoriegestalt einer de-ontologisierten wissenschaftlichen Beobachtung von differenzgefugten Gegenstandsbereichen ist ihre Paradoxität als *Unmöglichkeit einer konsistenten Geschlossenheit des Theorieganzen.* Die Erhaltung der Paradoxität wird zur Notwendigkeit und zum Maßstab der Orientierung an Differenz. Dies ist Gebot der Theorie selber und nicht der paradoxstrukturierten Systeme, die sie beobachtet. Die Systeme entschärfen operativ die am Grund ihrer anfänglichen Unterscheidungen liegenden Paradoxien, indem sie ihre Momente nacheinander prozessieren und somit verzeitlichen. Sie werden dergestalt nie prinzipiell durch ihre Paradoxien am Weiteroperieren behindert. Hingegen müssen Theorien sich vorsehen, keine bloß syntaktische Erhaltung der Paradoxität zu betreiben. Die Orientierung an Differenz darf in ihnen nicht zum bloß methodischen Prinzip werden[21].

Ein solcher Ansatz hat wichtige Konsequenzen auf das Verständnis des *Verhältnisses von Sozialwissenschaft und Philosophie*. Die *differenzorientierte Theoriegestalt* bricht mit dem klassischen Modell der Voraussetzung und Anlehnung. Sie will den mit einem solchen Verhältnis verbundenen, oft impliziten, Import von eidetisch vereinheitlichenden, sinnessenzialisierenden Einsichten verhindern. Ihr ist andererseits gerade die überwältigende Erklärungspotenz solcher Globaleinsichten oder Grunderfahrungen wie Kants Selbstverantwortung der Vernunft, Hegels Herr-Knecht-Dialektik oder Girards mimetischen Wunsch verdächtig[22]. Sie *zieht* ihnen *Partialbeschreibungen* von viel niedrigerer Erklärungspotenz *vor*. Dies tut sie, weil damit die Orientierung an Differenz, die eine *Orientierung an Kontingenz* gerade auch der erklärenden Unterscheidungen ist, erleichtert wird. Die philosophischen Fundamentalentwürfe dagegen erschweren es, weil sie an Standpunktvervielfältigungen und Komplexitätserhöhungen umwillen der Brechung des Denkstrahls und der Verhinderung jeglicher Einheitssimplifikation nicht interessiert sind. In ihnen geht es vielmehr um die Sammlung aller Weltkomplexität unter *einen* Grund.

Die postontologische Sozialwissenschaft ist daran interessiert, ihre Werkzeuge zu diversifizieren und bei allen zugänglichen Wissenschaften solche zu okkasionellem oder ständigerem Gebrauch zu entleihen. Ihr geht es um die Gewinnung und Erhaltung einer quasi unbeschränkten *Freizügigkeit der Beobachtung*. Nur durch diese Freizü-

---

21 Dies ist eine Gefahr, auf die G. Teubner in einem Vergleich der beiden stärksten differenzialistischen Ansätze unserer Gegenwart, nämlich die Luhmanns und Derridas, aufmerksam macht. Teubner (1999) meint, Derrida sei durch die Erhaltung seines Diskurses in stetiger Disruption mit seinen eigenen Gründen gegen die Mechanisierung von Paradoxität am ehesten gefeit. Man könnte dem entgegen argumentieren, dass Luhmann auf eine andere Art und Weise dies erreicht, nämlich indem er das Weltproblem stellt – ich verweise auf die Behandlung der Weltproblematik weiter unten.

22 Luhmann nennt dies eine „Semantik der Unmittelbarkeit". Er findet sie in folgenden Vorläufern verwirklicht: „in der Lebensphilosophie, im unmittelbaren Selbstverhältnis der Reflexionstheorie, in der Daseinsanalytik Heideggers". Eine solche Semantik „bezeichnet eigentlich nur den Kollaps bestimmter Unterscheidungen [Subjekt Objekt, Zeichen Bezeichnetem]" (Luhmann, 1993, S.47.).

gigkeit kann sie sich vor der Verfestigung und Verdinglichung ihrer Unterscheidungen bewahren. Nur dadurch kann sie die nötige Varietät ihrer demultiplizierten Standpunkte oder Differenzen erhalten. Sie wird bei Problematiken der individuellen oder kollektiven Entscheidung ihre Referenzen variieren und z.B. Piaget, die Attributionsforschung, die kognitiven Ansätze des rational choice, die Psychologie der Gruppendynamik, die Organisations- oder die Demokratietheorie etc. bemühen; sie wird davon aber absehen, die Problematik durch philosophische – z.B. scotische oder kantische oder Kierkegaardsche – Freiheitslehren und ihre essentialen Anschauungen zu durchdringen versuchen. Sie kann höchstens die philosophisch erdachten Ansichten unter die Reihe der genannten anderen anführen, sich neue Differenzen durch sie suggerieren lassen, und damit ihre eigene Beweglichkeit erhöhen. Die große Menge von Differenzen, die sowohl von den empirisch als auch von den mehr theoretisch ausgerichteten Humanwissenschaften laufend produziert werden, bieten eine hinreichende Grundlage für eine solche *Strategie der Varietätserhaltung*.

Kann man eine solche Darstellung gelten lassen? Ist es nicht eine der solidesten Lehren der philosophischen Phänomenologie Husserls und Heideggers gerade, dass jede Wissenschaft, ja jedes Verständnis eines wie auch immer gearteten Weltbereichs einem Sinnentwurf entspricht, der immer schon das Seiende im Ganzen – oder die Weltform, für Husserl – irgendwie vorgreifend verstanden hat und es nach Regionen und Zusammenhängen gegliedert, organisiert und gedeutet hat? *Wie kann eine Wissenschaft vom Sozialen vollkommen freizügig sein* und diese ihre Freizügigkeit durch ständigen Wechsel auf neuere Gebiete und Unterscheidungen sichern?

Postontologische Theorien entkommen nicht diesem apriorischen Sachverhalt. Sie bieten jedoch eine Destruktion dieser Aprioritätsstruktur durch eine Protologik der Form, die keinen fundationalen Status übernimmt. Sie verselbständigen sich zu *Supertheorien*, die in sich selbst kreisen und es dabei auf ihre *Intellektionspotenz* ankommen lassen. Intellektion ist ein Begriff, den wir entwerfen müssen, um die Eigenart einer Theorie zu beschreiben, die, obgleich Paradoxe thematisierend und auf einer sehr hohen Reflexivitätsstufe selber „gödelisiert", trotz allem noch Einsicht in Phänomene gewährt, sie überraschend erhellt und damit stets Informationsgewinne verbucht. Was eine solche Theorie produziert, sind Elementarereignisse der

Theoria, diskrete Akte des Intellegierens – und nicht ein Corpus von Aussagen, deren stringente Ableitung und interne Konsistenz für deren „Wahrheit" bürgen.

Intellektion ist ein Begriff, der sich dem Beschreiber eines solchen Theoretisierens aufdrängt, wenn er versucht, sich auf dessen eigene Figuren einzulassen: die Theorie ist ein Geschehen – und nicht eine Sache oder eine Menge von Aussagen; sie ist ein Vollzug mit internem Objekt, eine Operation ohne externes operatum. Was in ihr geschieht, operiert wird, sind Intellektionen als Elementarereignisse der differenziellen Überraschung durch neue Helle in bisheriger amorpher (informationsloser) (Selbst)Verständlichkeit. Sie ist in ihren eigenen Termini die Ausfaltung einer Reihe von Unterscheidungen, die einen Unterschied machen, d.h. instruktiv sind. Sie bietet die am weitesten ausgreifende Information über den Weltbereich, der durch ihre Unterscheidungen geritzt und damit geöffnet wird. Sie lebt von der Realität, d.h. *Informativität* dieser Information selbst. Wenn ihre Informationsintensität versiegt, versiegt sie selber und die Frage nach ihrer Wohlbegründetheit wird zwecklos. Hingegen, solange ihre Unterscheidungen die Neuheit, die Überraschendheit, die Fähigkeit, einen wahrnehmbaren Unterschied zu schaffen, besitzen, die zum Zustandekommen von Intellektion konstitutiv sind, erübrigt sich die Begründungsfrage.

Wie sich weitere formale Begründung erübrigt, könnte man aus folgenden Strukturzusammenhängen des Intellegierens verständlich machen. Zum einen, kann die Frage nach der Begründung nur von einem höheren Standpunkt gestellt werden, der die Unterscheidungen der postontologischen in-sich-selbst-kreisenden Theorie überschaut und sie nach einem von ihnen unabhängigen Kriterium diskriminiert. Dieser Standpunkt setzt die Möglichkeit einer Aufhebung oder Totalisierung der Differenz, die immer zwei Seiten scheidet, in eine Identität. Dies ist nach den eigenen Prämissen der Theorie nicht möglich. Der zweite Grund ist, dass die Produktion von Information durch die Unterscheidung alles darstellt, was diese hergeben und was von ihr erwartet werden kann. Somit sind *Unterscheidungen selbstgenügsam* oder nach den Worten Spencer Browns selbstenthaltsam („perfect continence"[23]). Sie sind wie Sterne, die solange strahlen, wie sie Sterne sind. Sie sind nichts außerhalb ihres Selbstvollzugs. Ihr Aus-

---

23 Spencer Brown, 1969, S. 1 und 6.

gehen ist sowie ihr Aufgehen von keinem externen Blickpunkt zu beschreiben noch zu rechtfertigen. Die Unterscheidung hat einen *ereignishaften* Charakter. Kein Anspruch kann an sie gestellt werden von außerhalb ihres Nur-Vollzugseins. Die postontologische Theoriegestalt muss dann folgerichtig als sphärisch, freizügig treibend und ereignishaft vorgestellt werden. *Worauf es* in ihr *ankommt*, ist das *Ereignis der Intellektion als Informationsschöpfung durch Erzeugung einer Differenz*, die in ihrem eigenen Vollzug besteht und nichts ist, wenn dieser aussetzt. Insofern kann man sagen, dass die Unterscheidung selbst differenzielle Information ist: sie lässt eine Helle entstehen als Steigerung der Interessiertheit an Weltbegegnissen.

5. Konstruktion und Dekonstruktion

Es liegen wohl philosophische Programme vor, die mit Luhmanns Theorie stark verwandt sind. Da ist der Dekonstruktionismus, der Luhmanns *theorietechnische Maxime* zu seiner eigenen machen kann[24]: in allen Stücken jeglichen Ansatz zu Identitätsbildung und geschlossener Sinnorientierung zu verhindern und selbstzentrierte, „perfekte“ Begriffe und Realien durch Einführung von auflösenden und rekombinierenden Unterscheidungen abzubauen. Doch versucht Luhmann etwas zustande zu bringen, das nicht Anliegen der Dekonstruktion ist: eine umfassende Theorie der Gesellschaft, die reichhaltige Einblicke in die Funktionsweise heutiger Gesellschaft und den in ihr sich vollziehenden Sinn von Gesellschaftlichkeit zu vermitteln. Es geht also *nicht* um das *Durchspielen des Gedankens der Unerreichbarkeit von Identität* durch eine das Ereignis der „différance“ textlich zur Darstellung bringende Inszenierung seiner Disruption. Bei Luhmann geht es um eine gesamttheoretische Sicht der „différance“, die sowohl ihre Idee in gediegenen, streng ausgeführten kategorialen Neuentwürfen entwickelt als auch ihre gesellschaftsevolutorische Genealogie reflektiert. Anders als bei den Philosophen – wie Heidegger oder Derrida – ist das *Kommen-zum-Ende der Ontologie* für Luhmann *kein grundloses Ereignis*. Es lässt sich sozialtheoretisch beschreiben: es ist die *gesellschaftsstrukturelle Umstellung* der modernen Gesellschaften

24 Wie wir sehen werden, liegt der Dekonstruktionismus dem Luhmannschen Ansatz am nächsten, ohne ihn jedoch zur Kenntnis zu nehmen. Hinzuzufügen ist, dass dieser theoretisch so fein aufgefächerte Ansatz mit seiner gediegenen, alle wissenschaftstheoretischen und sozialwissenschaftlichen Thematiken abdeckenden Forschung keine Entsprechung dekontruktionistischerseits findet.

auf *funktionale Differenzierung*, die das Ende einer Denkweise herbeiführt, die sich um die Figuren von zentral und vertikal konstituierten Identitäten kristallisierte[25].

Während also die Philosophie sich an den Paradoxien des Denkens aus der Differenz die Unmöglichkeit ihrer bisherigen Denkweisen vorführt und zur Entscheidung der weiterhin gestellten fundamentalen Sinnfragen (der Moral, der Gerechtigkeit, der Bedeutung von Existenz) auf ein an sich unbegründbares Überspringen aller Diskurse in das Unsägliche der Transzendenz des Anderen zeigt[26], zeichnet Luhmann ein äußerst *breitangelegtes Bild von der Kommunikationsweise, aus der die Differenzorientierung entsteht* und in der sie Gestalt annimmt. Die De-ontologisierung ist kein (akademisch- noch prophetisch-)philosophisches Projekt, das von philosophierenden Individuen ausgedacht wird und sich dann von ihnen her ausbreitet. Die Orientierung an Differenz ist eigendynamische, ihrer Thematisierung vorauslaufende soziale Realität. Sie ist koevoluierendes Resultat einer gesellschaftlichen Entwicklung, die z.B. durch Sprengung der Verengungen der Aktualität als einzigen Zeit-, Handlungs- und Kommunikationshorizont, bisher Unwahrscheinliches und Unbewältigbares möglich gemacht hat[27]. Gegen die neue Folie der Differenz erscheint

25 Es bleibt natürlich dem Philosophen unbenommen, die Ursächlichkeit wiederum umzukehren und die Seinsgeschichte „en amont" der gesellschaftsstrukturellen Umstellungen zu setzen und diese als Ausdruck jener auszulegen.

26 Dies ist die Vorgehensweise von Derrida in *Force de droit* (1994). Der Sprung zum Gerechtigkeitsbegriff Levinas erlebt sich wie ein überraschendes Kappen der bisher entwickelten Problematik. Diese scheint nach einem roborierenden Mittel zu greifen, das sie von der Sackgasse der unaufhaltsamen Paradoxitätssteigerung heraushilft. Eine andere Einschätzung der Leistung des Textes hat Teubner (1999) gerade im Rahmen eines Vergleichs mit dem, was Luhmanns Theorie ihrerseits geben kann, gegeben. Bonackers *Paradoxe Beobachtungen der Gewalt* ist mir leider nicht zugänglich.

27 Die schärfste Kritik an Luhmanns de-ontologisierendem Differenzialismus ist die Wagners (1994) – folgend auf Wagner/Zipprian (1992). Im Gegensatz zur üblichen Abwehr der Luhmannschen Gedanken aus (un)ausgesprochener Solidarität mit den Prämissen der ontologischen Metaphysik, hebt Wagner die Nicht-Erfüllung des De-ontologisierungsprojekts bei Luhmann hervor. Dieser unterschreite seinen eigenen postsubstanzialistischen Anspruch und bleibe hinter Hegels Reflexionsfiguren zurück. Luhmann gelinge es nicht, sich von der Symmetrie seiner Unterscheidungen zu befreien, trotz starker Anstrengung, die Spencer Brownsche Asymmetrie beizubehalten. Die resymmetrisierte Differenz gerate zum Identitätsgrund, die vermeintlichen Paradoxien zu Tautologien, Selbst und Anderes werden zu einem dialektischen Gegensatz, der als Grund die Welt fordert. Diese Bewegung wiederhole die der Hegelschen Dialektik der Negativität. Wir können hier nicht detailliert auf diese Kritik eingehen. S. zunächst die lehrrei-

die *metaphysich-ontologische Welt* der festen Identitäten und stets vereinheitlichenden Hinsichten als *eine verengte, auf einem niedrigen Niveau der Ausnutzung von Variation und Komplexität befindliche gesellschaftliche Weltbeschreibung.* Die Erweiterung des Weltmöglichen durch die gesellschaftsstrukturelle Umstellung auf eine virtualitätsreichere Form der Differenzierung ähnelt der potentialisierenden Erweiterung eines mathematischen Bereichs durch die Hereinnahme imaginärer Größen in ihn. Luhmann verfällt nicht dem asthenisierenden Anblick der Paradoxie und verliert sich nicht in ihren schwindelerregenden Spielen[28]. Er sieht in der steigenden *Integration von Paradoxität* in allen Bereichen und Konkretionen der Kommunikation eine komplexe Logik, zu deren Entzifferung er sein ganzes Werk einsetzt. Es gilt dann alle Stücke der *Komplexitätsbildung* zu identifizieren und deren Zusammenspiel mit einander als Potentialisierung ihrer Wendigkeit zu rekonstruieren. Es gilt vor allem sie zu verstehen als Vollzüge einer einsamen, kein anderes kommunikationsfähiges System außer sich habenden, das totum der Kommunikation in sich umfassenden Gesellschaft. Der Aufbau von Komplexität lässt sich dann nur aufgrund von ihrerseits äußerst komplexen Reflexivitätsverhältnissen beschreiben.

---

che Entgegnung Luhmanns dazu (1994 – folgend auf 1993b), sowie Nassehi 1993b, Gripp-Hagelstange 1991 und Wetzel 1992. Hinzugefügt werden muss der Hinweis auf den anders entscheidenden Charakter dessen, was die Theorie tatsächlich leistet. Luhmanns Theorie ist nicht de-ontologisierend, weil sie aus philosophischer Entscheidung es sein will, sondern vor allem, weil sie es tatsächlich ist, indem in ihr alle Orientierung an Differenz erfolgt und die Gesellschaft wahrhaft sichtbar gemacht wird, der schon *faktisch* längst alle Identität zerronnen ist. Es geht also nicht um das Zustandebringen einer postsubstantialistischen Theorie, die zu einer Abkehr von der Ontologie anregen würde; es geht vielmehr um das Gut-gemacht-sein (Luhmann 1994: 477) einer theoretischen Beschreibung dessen, was schon längst Sache ist. Was im übrigen die Wagnersche Kritik an der Gründung der Differenz in der Weltidentität angeht, so sei hier auf die Besprechung weiter unten des Weltbegriffs als eines auf ein jenseits der Theorie verweisenden hingewiesen.

28 Die Verbindung zur Dekonstruktion verbleibt selbstverständlich, ja wird von Luhmann selbst gefordert. Die Luhmannsche Konstruktion ist in ihrem Schnitt dekonstruktionistisch. Nach der gelungenen Formel von Detelf Krause (1999, S. 183) operiert die Soziologie im Luhmannschen Verständnis „autologisch konstruierend und, da sie das mitreflektiert, insoweit dekonstruierend“. In Luhmanns Einschätzung (1997b: 1135) besteht „in der heutigen Wissenschaftslandschaft“ eine „paradoxe Ausgangslage als Einheit von Konstruktivismus und Dekonstruktivismus“.

Die Gestalt von Luhmanns Projekt wird von hier aus besser verständlich: eine passionierte, rastlose Theoriebildung, weil der theoretische Blick eine unbetretene Landschaft vorfindet, in der alles erkundet werden muss. Die Arbeit erweist sich als uferlos. Bewältigt werden muss nicht nur die historisch evolutionäre Dimension der Heraufkunft der neuen Strukturen gesellschaftlicher Differenzierung oder die Nachzeichnung der dies begleitenden semantischen Veränderungen. Dies wäre ein relativ klassisches, von seiner geschichtlichen Anlage her zwar großformatiges soziologisches Projekt. Luhmann konnte aber keine Idee von diesem Neuen geben als Fortsetzung oder bloßer Umwandlung des Vorgängigen. Seine Priorität ging von der Erfassung der Rationalitätssteigerungen in Organisation und Gesellschaft aus – die seine erste Schaffensperiode mit ihrer funktionalistischen Herausarbeitung des Begriffs der Systemrationalität auszeichnet; zu einer radikalen Neuentwerfung der Systemtheorie, die ihm zum Instrument der *Beschreibung der* ungeahnten *Logiken* wird, die in *den alternativitätspotenzierenden Devices* moderner Kommunikation stecken. Die grundbegrifflichen Revisionen laufen entlang der Entschlüsselung dieser Logiken und benötigen dafür ungewöhnliche Modelle. Luhmann muss seine *Theorie „bauen"* aus allem, was ihn bei dieser *protologischen Entschlüsselung* weiterbringen kann; dann muss er an einem evolutionstheoretischen Konzept arbeiten, das die Entwicklung als eine faktisch-historische verständlich macht. Dafür *bedient er sich da, wo er kann.* Seine Anleihen macht er überall dort, wo theoretisches Material vorliegt, das die Biegsamkeit und Breite seines begrifflichen Netzwerkes fördert. Nach und nach integriert die Theorie sehr heterogene Stücke: die soziologische (strukturfunktionalistische) und allgemeine Systemtheorie, die Kybernetik erster und zweiter Ordnung, einzelne Motive aus der Husserlschen Phänomenologie (die Grundbegriffe Sinn, Horizont und Welt), die Kommunikations- und Attributionstheorie, die Autopoiesis-Theorie Maturanas, die Logik der Form Spencer Browns, die Evolutionstheorie, die Derridasche Philosophie der Dekonstruktion.

6. Überforderung der Philosophie

Es seien also zweierlei Hinsichten betont, in denen das Luhmannsche Unternehmen eine *Grundcharakteristik als Theorie-Konstruktion* fordert. Die erste Hinsicht, die *Konstruktion* von Theorie, wird aus dem Vergleich mit verwandten Denkprojekten klar. Wie wir sahen, fasst Luhmann die De-ontologisierung, wie Heidegger und Derrida[29] es tun, als heute wirklich gewordene Weltwahrnehmung auf. Sie ist ihm, wie ihnen, ein denkerisches Programm, das die Wirklichkeit als das aktuelle Seinsverständnis durchdringen und die Wege, die aus der metaphysischen Ontologie geführt haben, nachzeichnen will; ein Programm, das dadurch auch Wege erkundet, die aus dem „Nihilismus" oder der „Paradoxie" in eine irgendwie geartete Helle tragbarer Existenz hinausführen. Im Unterschied zu beiden Philosophen sieht sich Luhmann jedoch nicht endgültig vor einem geheimnisvollen Verstummen des Anspruchs des Seins oder den in sich kreisenden Verzügen des Sinnes gestellt, die zu Denkstilen des verhaltenen Zeigens oder der Verwirrungsverwirrung alles Sagens nötigen. Er sieht vielmehr die *Konstruktionspotenzen des Abbaus eines analternativen Weltbezugs*, der die Verengung des Möglichen auf den Umkreis eines Ontizitätsbereichs sprengt.

Angelehnt an Philosophien der Wesenheit (Essenz) und an Semantiken der Natur(haftigkeit), lebte der ontologische Weltentwurf aus der Prämisse des Fehlens jeglicher Alternative zu der bestehenden faktischen Weltform. Luhmann fasst die *De-ontologisierung als* Durchbrechung der Sicherheiten der alten Welt und ihre Öffnung für eine nunmehr zentral in ihr eingebaute Kontingenz und ein unbändigbares *Wachstum des Möglichen* als gesellschaftlicher Zukunft. Die Paradoxie wird als imaginäre Größe in die Weltwahrnehmung eingebaut, die das nunmehr Mögliche (Unwahrscheinliche) ins Unermessliche steigert. Wenn sich hinzu abzeichnet, dass die *Logiken dieser Komplexitätssteigerung theoretisch lesbar* werden können, dann wird Luhmann zu einem allseitigen Konstruktionismus motiviert. Dass diese theoretische Lektüre der stets potenzierten Vervielfältigung des Weltmöglichen sich nun *als Theorie der Gesellschaft* zu vollziehen hat, erklärt sich aus der doppelten Prämisse der (systemtheoretisch-konstruktivistischen) Immanenz der Welt im (die Differenz System-Welt allein bildenden) alleinig-umfassenden Sinnsystem Gesellschaft sowie der evolutionär herbeigeführten funktionalen Differenzierung der gesellschaftlichen Kommunikation[30].

---

29 Oder auch Baudrillard (1995).

30 Dies bedeutet keineswegs einen Rückfall in eine auf die Gesellschaft nunmehr reduzierte, monadologische Subjektphilosophie – wie Schmid (1997: 277) es nach vielen anderen Exponenten der vermeintlichen subjektphilosophischen Verfan-

Die zweite Hinsicht, die unterstrichen werden soll, ist die der Konstruktion von *Theorie.* Dieser Punkt ist für das Verständnis der Beziehung zwischen Philosophie und Luhmannscher Systemtheorie von großer Bedeutung. Es wird zwar sehr viel, im stilistischen Gefolge Luhmanns, von Theorie, Theoriedesign, Theorietechnik, Theoriearchitektur usw. gesprochen und kaum eine Abhandlung zu Luhmanns Arbeit widersteht dem Reiz dieser Floskeln. Übersehen wird nur, dass die *Theorietheorie*, die in Luhmanns Werk mitgegeben ist, eine entscheidende Derogation zu allen bisherigen Denkfiguren höchster Reflexivität darstellt. Es war nämlich in der philosophischen Tradition durchgängig klar, dass es eine Form von maximaler Reflexivität gibt, die sich notwendig und letztlich in sich selbst knotet und *unausweichlich als Philosophie auftreten muss*[31]. Eine Theorie, die, wie Luhmann sagt, in sich selbst vorkommen kann und muss, bildet notwendig einen Letztknoten, der aus dem Kreis all der in jedem neumaligen Selbstvorkommnis entstehenden Nodositäten besteht. Philosophie ist eine Art des Denkens, das eine solche Knotung im Grunde sucht und veranstaltet. Sie sammelt sich um diesen Grund und erhält daher eine involutive Gangart (Methodik), die ein theoretisches Ausufern in die Breite überflüssig macht. In der Husserlschen Schule der Phänomenologie unterschied man zwischen einer Gründungs- und einer Forschungsrichtung[32]. Die Reduktionsbewegung gehörte zur ersten, die einzelne Weltregionen erschließenden Wesensanschauungen – die sich zu eidetischen Wissenschaften wie der Schelerschen Ethik oder der philosophischen Anthropologie verdichten konnten – gehörten zur zweiten[33]. Nun, man hat den Eindruck, dass Luhmann diese

genheit Luhmanns darlegt. Man muss eben beachten, dass bei der Denkumstellung auf Differenz sich der Sinn selbst von Selbstreferenz geändert hat.

31 Luhmann erkennt, dass es aufgrund dieser spezifischen Reflexivität des In-sich-selbst-wieder-Vorkommens eine „Isomorphie der Problemstellung" (1984: 145f.) zwischen Systemtheorie und Metaphysik besteht. Diese Isomorphie begründet die „Relevanz" der Theorie für die Metaphysik (ebenda).

32 Diese Unterscheidung wird vom jungen Heidegger sehr prägend rezipiert. Sie bestimmt sein Verständnis von der (forschenden) philosophischen Anthropologie und ihrem Bezug zur (gründenden) Daseinsanalytik. In den Vorarbeiten zu *Sein und Zeit* bestehen Ansätze zur Entwicklung einer solchen Anthropologie, die die Herausarbeitung des Unterschieds zur Fundamentalanalytik um so dringender erscheinen lassen.

33 Diese doppelte Ausrichtung des Denkens ist belegbar für fast jedes Philosophieren unserer Tradition. Sie entspricht ungefähr der Unterscheidung zwischen Protophilosophie und Philosophie einzelner Seinsbereiche: bei Plato geht der Schnitt zwischen Dialektik und alles andere; bei Aristoteles zwischen Metaphysik und En-

notwendige Aufhebung aller höchstreflexiven Denkbewegung in die Philosophie ignoriert bzw. sich weigert, sie zur Kenntnis zu nehmen. Er macht nicht einmal den Ansatz zu einer Grenzziehung oder reflektierten Absetzung von ihr[34]. Unbekümmert um den zwingenden Hang seiner Forschungswege, der sie um den Bereich der stets selbigen Involutionsfiguren der Protophilosophie sammelt, theoretisiert Luhmann einfach weiter „darauf los“[35].

Diese scheinbare Unbekümmertheit lässt sich zum Teil klären, wenn man den *Konstruktionsgedanken* noch mal besonders ernst nimmt. Erst wenn man es tut, bekommt man einen zulänglichen Begriff von Theorie, wie Luhmann sie gedacht hat. Luhmann orientiert, ganz im Sinne des Selbstvorkommnisses der Theorie in sich selbst, seine *Theoriebildung an Differenzen* statt an Identitäten. Die Unterscheidung ist es, die sehen lässt, was man sieht. Die Identität, die sie verschleiert, verschleiert die in ihrem systemtheoretischen Begriff reflektierte Bedingtheit des Sehens durch das, was man nicht zugleich mit dem sehen kann, was es zu sehen freigibt. Eine direkte, intense und punktuell-totale Habe der Identität eines Sinnes in einem (möglicherweise komplex aufgebauten) Denkakt wie der phänomenologischen Wesensschau ist das genaue Gegenteil dessen, was Luhmann vorschwebt[36]. Nicht nur die einzelnen Erkenntnisse, Intellektionen

---

zyklopädie; bei vielen Nachfolgern dann bleibt der zweite Terminus die Enzyklopädie, während der erste Meditation (Descartes), Wissenschaftslehre (Fichte), Logik (Hegel) heißen kann. Das Aufkommen des Gedankens des Systems in der späten abendländischen Philosophie zeugt vom Bestreben, der Selbstgebärung der Protophilosophie aus sich selbst eine unmittelbare Gebärung der Enzyklopädie aus dieser an die Seite zu stellen. Die Inkorporation beider in ein System ist bei Hegel am strengsten durchgeführt.

34 Darauf kommen wir weiter unten, in unserer Besprechung seiner bedenkenlosen Instrumentierung der Brownschen Protologik, zurück.

35 Eine ganz klare Aussage zu dieser philosophischen Indifferenz der Theorie findet sich in Luhmann 1994: 477. Hier wird die Begründungsfrage (was wir Gründung oder Ergründung nennen) als irrelevant für „gut gemachte“ – d.h. in unserer Terminologie: ausreichende Intellektionspotenz entfaltende – Forschung. Forschung, die sehen und verstehen lässt, braucht nicht noch einmal begründet zu werden. Umgekehrt hat nicht-informative Forschung nichts von ihrer Begründetheit.

36 Siehe ausführlicher dazu, Clam 1995. Eine andere Einschätzung des Verhältnisses von Systemtheorie und Phänomenologie ist die Srubars (1989). Dieser räumt der Phänomenologie einen weitreichenden, wenn nicht entscheidenden Einfluss auf die Luhmannsche Theorie ein, und dies über die Gleichförmigkeit ihres Fragens als eines konstitutionstheoretischen nach der Selbstgenese von Sinn. Dies stimmt insofern, als Luhmanns Theorie keine Systemtheorie im Sinne Parsons' mehr ist.

sind Unterscheidungen oder denkerischer Vollzug von Unterscheidungen. Die Theorieteile selbst und der Gesamtbau der Theorie müssen auch differenziell sein. *Ontologische Theorien sind Reflexe der Identitätssetzungen* der ontologischen Betrachtungsweise. Sie streben insofern für sich selbst prägnant einheitliche, zentral gesammelte Gestalten an und bewähren sich an ihrer systematischen Festigkeit. Ganz andere sind die Prämissen der *Luhmannschen Systemtheorie.* Die Konsistenz der Theorie wird nicht garantiert durch die Ordnung ihrer Prinzipien, ihre Sammlung an eine einige Spitze, die Strenge ihrer Axiomatik, ihrer Methodik (kulminierend im mos geometricus), die Reinheit und die Reversibilität ihrer Deduktionen etc. Ihre *Konsistenz* ist ein „*Eigenwert*", der sich bei genügender Redundanz der Kombination ihrer Teile sich einstellt[37]. Die Theorie ist insofern nicht eine aus einem oder wenigen Prinzipien abgeleitete, die den Bau eines eidetischen Pleroma durch ihren eigenen geschlossenen Aufbau abbildet[38]. Sie ist differenziell, *besteht aus Stücken* – den berühmten Luhmannschen „*Theoriestücken*" –, die eventuell ausgewechselt werden können. Nichts prädestiniert diese oder jene Kommunikationstheorie, diese oder jene Evolutionstheorie, diese oder jene Attributionstheorie zur Aufnahme in die Gesamttheorie[39]. Die eingebauten (Sub)Theorien stellen theorematische Fassungen von Unterscheidungen dar, die solange brauchbar sind, wie sie die Welt instruktiv spalten. Die Dynamik der Sinnförderung in der Form von Information verlangt von sich aus nach einer Erneuerung der Unterscheidung bei

---

In der Abwendung vom analytisch-deduktiven Stil der kategorialen Modellierung von Handlung hat sicherlich die Phänomenologie eine wichtige Rolle gespielt.

37 Eigenwerte sind selbstorganisationstheoretische Attraktoren (i.e. relativ stabile Prozessierzustände und –werte), auf die hin der Selbstlauf eines Systems durch rekursive Verstärkungen steuert.

38 Die Theorie hat einen induktiven Suchstil. In ihr lässt sich keine Kategoriendeduktion durchführen. Weder ist z.B. von der Idee der gesellschaftlichen Differenzierung aus die Anzahl und Identität der differenzierten Systeme ableitbar, noch sind die in die Gesamttheorie einzubauenden Theoriestücke im voraus analytisch feststellbar. Alles an der Theorie ist temptativ und muss sich bewähren durch die Bildung von festen Attraktoren, die laufenden Variationen und Verunsicherungen widerstehen. Ihr objektives Korrelat ist dann die von dieser Theorie beschriebenen Wirklichkeit – die nichts anderes ist als die systeminternen widerständigen Verdichtungen.

39 Dies führt zu einem frappierenden Nebeneinander von Husserl und Bühler, Heidegger und manchem Behaviouristen, Hegel und dem Konstruktivismus. Die Inkongruenz ist überraschend und insofern schon Katalyse von Information durch Vervielfältigung der Gesichtspunkte.

Niedergang ihres Überraschungs- (oder Intellektions-) Wertes. Die Theorie ist nach Art eines *Netzwerkes* gebaut, das jeweils seine relevanten Stücke einschaltet, entsprechend ihren funktionalen Kopplungen. Es liegt also im Entwurfssinne selbst der *Luhmannschen Theorie, eine aus unterscheidungsbereitstellenden und -vervielfältigenden Subtheorien zusammengesetzte, sich und sie stets erneuernde* zu sein[40].

Irreführend haben sich auf die *philosophische Rezeption* der Theorie jene *Anleihen* von Theorieteilen *bei der Philosophie* selbst ausgewirkt[41]. Von den angeliehenen Inhalten ausgehend, hat man die philosophische Bedeutung der Theorie eruieren wollen, während das eigentlich philosophisch Instruktive und Anregende in der Idee der Anleihe selbst liegt. *Philosophisch bedenkenswert* ist gerade der *Begriff einer differenzialistischen Theorie*, die einerseits aus heterogenen und inkongruenten Teilen konstruiert wird; zugleich aber auch sich diesen Konstruktionismus leistet, während sie genötigt ist, die protophilosophischen Involutionsfiguren nachzubilden. Die Verlegenheit der Philosophie vor Luhmanns Werk scheint aus einer Verwechselung der Einsätze zu rühren: die Philosophen verstehen nicht, dass es Luhmann gar nicht um ein möglichst strenges Durchdenken der z.B. bei der Phä-

40 Dies ist ein Punkt, den Horst Baier (1989, S. 12f.) in einem Vergleich zwischen der Kantschen Architektonik der reinen Vernunft (als „Kunst der Systeme") mit Luhmanns Abwendung von jeglicher Transzendentalität und Hinwendung zu horizontalen Beobachtungstheorien hervorhebt. Das Kant-Zitat, das er anführt, bringt den Kontrast fast plastisch heraus: System sei für Kant die „Einheit der mannigfaltigen Erkenntnisse unter einer Idee". Diese ist ein Vernunftbegriff, der das Mannigfaltige und die Stellung der Teile „a priori bestimmt". Er ist der Ausdruck der Kongruenz von Zweck und Form des Ganzen. Der von Baier thematisierten Vertreibung der Transzendenz aus der Gesellschaft entspricht die Vertreibung der Transzendentalität aus der Theorie. Vor diesem äußerst klaren Hintergrund erscheint uns K. Grimms (1974) Interpretation der Luhmannschen Theorie als „aprioristischer Soziologie" verkehrt. Grimm meint durch die Projizierung von Luhmanns Theoriebildung auf die Folie der Weberschen Methodik deren ungerechtfertigte Belastung durch empirisch irrelevante und nomologisch nicht prüfbare Voraussetzungen nachweisen zu können. Luhmann hat die Empirieferne und die Entscheidung für eine ganz andere Methodik als die hypothetisch-deduktive in seiner Theorie reflektiert. Sein Ansatz transformiert die Termini, in denen klassische epistemologische Fragestellungen vollzogen werden.

41 Sie führen zu ganz verkehrten Rekonstruktionen der Herkunft und der Logik Luhmannschen Denkens – wie z.B. Zimmermanns (1989: 861) Übergewichtung der Phänomenologie. Wenig lehrreich sind ebenfalls Parallelisierungen von philosophischen und systemtheoretischen Figuren (z.B. Subjekt und System), die nur dazu dienen, die varietätsreichere Logik der Systemtheorie auf die altbekannten Schematismen der Philosophie zu reduzieren und sie damit zu verungültigen (dafür beispielhaft Zimmermann, ibid.).

nomenologie entliehenen Motive der Sinn-, Welt- und Horizontbegriffe geht – während es ihm gerade auf eine inkongruente Lektüre dieser Motive und deren Einbau in eine ganz anders geartete Theorie ankommt[42]. Die Philosophie verfügt nicht über den Begriff einer Theorie, welche die Instruktivität ihrer Anleihen aus eben dieser differenzgenerierenden und -fördernden Inkongruenz bezieht. Luhmann versucht nicht, den Husserlschen Sinnbegriff entlang seiner ursprünglichen Denkachse weiterzuführen. Er entfremdet ihn vollständig. Kaum eine philosophische Methodik ist der Luhmannschen stärker entgegengesetzt als die phänomenologische, und dies hindert Luhmann nicht daran, der Phänomenologie ihre zentralen Begriffe zu borgen und ebenso zentral in die eigene Theorie zu plazieren[43]. Ebenfalls werden die erkenntnistheoretischen *Motive*, die Luhmanns Werk von Anfang an konstitutiv durchsetzen, *ihrem natürlichen philosophischen Rahmen entfremdet*, und entwickelt, als ob es die philosophiespezifische Weise ihrer Behandlung durch Rückgang zu den tragenden Urgründen nicht gäbe. *Luhmann ignoriert* die in der *philosophischen* Tradition ausgebildeten spezifischen *Verfahren des Rückgangs auf die Letztknotungen* der Bedingung der Möglichkeit von Welt und Weltwahrnehmung sowie der auf sie gerichteten Besinnung selbst (d.h. der hierin sich vollziehenden Philosophie selbst). Er *ersetzt sie durch eigenentwickelte*, der *Protologik* von Spencer Brown entliehene, ihre Selbstvorausgesetztheit ganz anders reflektierende Motive und Grundsätze, ohne eigens die Untauglichkeit der philosophischen

42 Landgrebe (1975, 14) spricht von „Formulierungshilfe für die Bildung ihrer [der systemtheoretischen] Grundbegriffe". Dies scheint alles, was die Systemtheorie von der Phänomenologie erwartet. Landgrebe unterstreicht gleichwohl (13), dass Luhmanns Systemtheorie der Ort in der Soziologie ist, wo das Verhältnis zwischen (Transzendental)Philosophie und Theorie der Gesellschaft sich auf einem theoretisch hohen und gültigen Niveau artikuliert. Zum Verhältnis von Phänomenologie und Systemtheorie im allgemeinen verweisen wir auf die detaillierte Untersuchung Landgrebes – auf deren Einzelheiten wir hier nicht eingehen können, die aber beispielhaft für eine phänomenologische Aneignung zentraler systemtheoretischer Themen stehen kann.

43 Diesen antiphänomenologischen Aspekt der Theorie nimmt Meuter noch allzu zaghaft wahr (1995: 57) – mit Hinweis auf Waldenfels' Idee einer „Radikalisierung der Phänomenologie". Die an Luhmanns Wiener Vortrag (1996) orientierte Kontrastierung der systemtheoretischen und phänomenologischen Projekte, wie sie Schmid (1997) gibt, berührt unseren methodologischen Kontrastgrund nicht, sondern letztlich nur die späte weltanschauliche Selbstinterpretation der Phänomenologie.

Gegenstücke zu besprechen. Denn die Prämisse ist hier wiederum die angesetzte Idee von Theorie als Theorie-Konstruktion.

Es bestünde sicherlich weiterhin die Möglichkeit, die einfachere und globalere Hypothese einzubeziehen, die zur Klärung des Verhältnisses von Philosophie und Systemtheorie auf der Hand liegt: das, was Philosophie in Luhmanns Augen verungültigt, sei ihre Solidarität, genauer originäre Selbigkeit mit der metaphysisch-ontologischen Weltwahrnehmungsweise. Unsere Hypothese will über diesen Zusammenhang hinaus erklären, inwiefern der Gegensatz zur Philosophie die *Luhmannsche Theoriegestalt als eine reflektierte und aus Entscheidungen resultierende* erhellt; von da aus lässt sich dann verstehen, inwiefern die philosophischen Anleihen bei ihrem Einbau in die Theorie alles an ihnen typisch Philosophische verlieren und dem Zusammenhang entfremdet werden, in dem die Protophilosophie ihre Gründungsleistung aus ihrer Involution in die paradoxe Selbstvoraussetzungsstruktur des Denkens beschafft. Unsere Hypothese ist, dass Luhmanns gattungsmäßig kaum konturierbare Theorie – ist sie Soziologie, Wissenschaftstheorie oder eine neue Art von freizügiger, enzyklopädischer Philosophie ? – eine *Überbietung der bisherigen Form von Philosophie* darstellt[44]. Sie konstruiert ihre eigenen Grundlagen und versteht sich als eine aktiv betriebene Konstruktion aus Teilen. Sie wird so angelegt, dass sie stets den Theoretiker vor Optionen stellt und ihn zu Entscheidungen fordert, wie es nun weitergehen soll[45]: welche Stücke sich zum Einbau an dieser Stelle eignen, nach welchem Schema und in welchem Stil; soll die Theorie mehr dialektisch, mehr kreuztabellarisch, eidetisch, geometrisch etc. gestaltet werden; soll sie hier argumentieren, beschreiben, mit Realsetzungen arbeiten, oder bloß fingierend und versuchsweise eine konstruktive Hypothese weiterführen. Dies macht auch den Stil der Auseinandersetzung verständlich, den Luhmann gegenüber anderen Theorien benutzt: er

---

44 Spaemann (1989: 66) betont auch diesen Aspekt der Überbietung der Philosophie durch die Luhmannsche Theorie und ihre Radikalität in der Reflexion. Habermas (1988: 426) sieht in der Theorie genauer die Überbietung der Subjektphilosophie.

45 Die poietologische Nähe zu moderner Kunst und Kunstschaffen ist bemerkenswert. Die Theoriebildung lässt sich mit dem Machen moderner Kunstwerke – wie Luhmann sie sieht –, gut vergleichen: während sich Theorie von einer Unterscheidung zur anderen bei relativer Kontingenz und hochkonsistenter Kopplung der getroffenen Unterscheidungen schwingt, vollzieht Kunst die Sequenz ihrer Operationen in quasi unbeschränkter Kontingenz und lascher Kopplung der das Kunstwerk nach und nach konstituierenden Unterscheidungen

führt ihre Vorzüge und Mängel auf theorietechnische Entscheidungen zurück, die verschiedentlich Design, Zusammensetzung und thematische Fokalisierungen bestimmen. Eine Theorie besteht auf alle Fälle aus Entscheidungen, und dies ist so, weil *Intellektion aus dem Treffen von kontingenten*, Alternativen-offenen, an sich mobilen *Unterscheidungen* entsteht[46]. Das Kriterium zur Beurteilung dieser Entscheidungen ist daher deren Eignung zur *Förderung von Differenzialität.* Dies meint die Fähigkeit zur Lektüre von Komplexitätslogiken, d.h. die Schärfe des Auflösungs- und Rekombinationsvermögens der Theorie.

Das steht natürlich im schroffen *Gegensatz zur Philosophie.* Für diese ist der Corpus ihrer Einsichten sowie der Weg zu ihnen kein Resultat von kontingenten Entscheidungen. Alles entsteht aus einer Suche, die sehr tief ansetzt in einem Versuch, so wenig Vorgewusstes vorauszusetzen wie es nur geht. Diese *reduktive Haltung* fehlt gänzlich bei Luhmann. Sie ist es aber, die die philosophische Selbigkeit von Weg und Ziel, Methode und Ausführung, System und Resultat, Darstellung und Entwicklung begründet. In der Entscheidung des Philosophen liegen *lediglich sekundäre Verfügungen* über die Art und Weise der *expositio*, die Wahl der Darstellungssequenz der Inhalte, keineswegs aber diese selbst. Die philosophische Geste ist nicht die einer allseitigen Informationsausleihe bei den verschiedenen Wissenschaften, umwillen der Vervielfältigung und Kontingenzierung von Unterscheidungen.[47] Die Theorie wird nicht zusammengesetzt aus heterogenen Bestandteilen, die zu einem Netzwerk von abrufbaren Spezial-

---

46 Es sei ein Wort gesagt zur Problematik der Beziehung von Philosophie und radikalem Konstruktivismus. Es ist klar, dass die Philosophie diesen nicht ganz ernst nehmen kann, angesichts der Flüchtigkeit seiner Konstruktionen. Nirgends trifft man in seinem Bereich auf eine annähernd an die Maßstäbe philosophischer Strenge und Akribie heranreichende Problematisierungs- und Klärungsarbeit. Er bleibt ein Argumentationskorpus, der äußerst anregende Einsichten und Fragen fördert, ohne aber eine theoretische Intellektionskraft (oder Eigenwertbildung) vorzuweisen, die in irgendeiner Beziehung mit der der Luhmannschen Theorie vergleichbar wäre. Eine ähnliche Einschätzung des radikalen Konstruktivismus (und vor allem der Biosystemforschung Varelas und Maturanas) hat Wagner (1994: 283), der ihm zurecht ein beachtliches Gefälle gegenüber dem im deutschen Idealismus erreichten Reflexionsniveau bescheinigt.

47 Zu betonen ist hier, dass die Philosophie selbstverständlich allseitige Informationssuche betreibt, jedoch nicht zur Brechung und Vervielfältigung des Denkstrahls selbst.

stücken aufgebaut werden. Die *Anschauung wird von der Sache diktiert*[48]. Es gibt keine Spielräume für beliebige Variation[49]. Variation muss gebändigt, reduziert und auf generierende Gesetze zurückgeführt werden – anstatt gesucht und gefördert zu werden. Solange die philosophische Rezeption der Luhmannschen Theorie ihr eine ähnliche Anlage zumutet, verfehlt sie das philosophisch Herausfordernde an ihr[50].

48 Landgrebe (1975: 17) formuliert ähnlich: „Die *phänomenologische Reflexion konstruiert und erschließt nichts*" (Hervorhebung im Text).

49 Ein Beispiel des Kontrasts zwischen einheit- und differenzorientierter Theoriebildung bietet die Entgegensetzung bei Heidenescher (1992: 446) von Luhmanns und Schützes Behandlung des Sinnbegriffs. Der Begriff wird bei Luhmann in verschiedenen Dimensionen gebrochen, „die Schützsche Einheit wird aufgegeben und ersetzt durch die Vorstellung einer ständigen Neuformierung von Differenzen".

50 Insofern entspricht der Vorwurf eines „hyperspontanen Konstruktivismus" (Englisch 1991: 203) dieser typischen Anspruchsstellung an Luhmanns Theorie. Dabei denkt dieser gar nicht daran, einem solchen Anspruch zu genügen.

II. Philosophische Thematiken der Luhmannschen Theorie

Die Rezeption des gesellschaftstheoretischen Werkes Niklas Luhmanns in der Philosophie steckt noch in den Anfängen. Kein größeres Werk der Disziplin hat von der Luhmannschen Theorie prägende Anregungen erhalten. Bislang dominieren komparatistisch-kritische Fragestellungen, die überwiegend explizit philosophische Themen angehen. Es sind dies vor allem Luhmanns Rezeption der Husserlschen Phänomenologie, seine Überbietung der transzendentalphilosophischen Ansätze einer vom Subjekt her gedachten Reflexivität sowie der Ansatz einer die Sozialität konstituierenden autopoietischen Kommunikation – welche die Frage nach der Intersubjektivität enträtselt. Eine umfassende Abschätzung der philosophisch relevanten Motive des Werkes fehlt noch. Auch eine angemessene Fragestellung, die das philosophisch Neuartige an dem Luhmannschen Theorieprojekt wahrnimmt, ist m. E. noch nicht entworfen. Die Theorie erfordert nämlich einen geänderten Auffassungsrahmen und verlangt nach einer eingehenden philosophischen Rezeption. Einen vorbereitenden Beitrag mag folgende Übersicht und Diskussion der philosophischen Themen anbieten, die von Hause aus philosophischen Charakter und meistens das Interesse der philosophischen Rezipienten Luhmannscher Theorie besonders auf sich gelenkt haben[51]. Man kann bei der Suche nach diesen Themen induktiv verfahren und folgende Reihe vorschlagen[52].

1. Die Theorie der Theorie

Diese Thematik haben wir im Vorangehenden ausführlich behandelt. Wir konnten die unterschiedliche Inzidenz des De-ontologisierungsgedankens in der Philosophie der Dekonstruktion und der Theorie der Gesellschaft aufzeigen und die entgegengesetzte Ausrichtung

51 Eine gute thematische Übersicht der gesamten Theorie bietet Nassehis *Die Zeit der Gesellschaft* (1991), das keineswegs auf die Thematik der Zeit eingeschränkt bleibt. Viele seiner Kapitel eignen sich für eine lehrreiche Einführung in Luhmannsche Themen, insbesondere solche mit philosophischen Konnotationen.

52 Ein systematischeres Vorgehen wäre möglich gewesen, dessen Darstellung wäre aber viel aufwendiger und raumfordernder gewesen. Im Hinblick auf die Problematik der philosophischen Rezeption genügt die versuchsweise Auflistung vollends.

ihrer Projekte herausstellen – textliche Inszenierung der „Différance" einerseits, passionierte positive Theoretisierung andererseits. Wir haben versucht alle Determinanten der Luhmannschen Theoriebildung soweit klar zu machen, dass die Spezifik sowohl der Idee als auch der Konstruktion von Theorie im Luhamnnschen Sinne verständlich wird. Wir konnten sehen, was eine zu Ende gedachte postontologische Theorie sein könnte und welche Herausforderung an die Philosophie von ihr ausgeht[53].

2. Die De-ontologisierungsthematik

Angesprochen wurde oben die Problematik der Brechung des ontologischen Primats des aktuellen Seins (der Ontizität) und der Dynamisierung des Weltverhältnisses durch Virtualisierung und Steigerung der gesellschaftlichen Prozessierbarkeit von Welt. Auf das Ganze des Luhmannschen Werkes gesehen, ergibt die in ihm geschehende denkerische Bemühung um die Wandlung des Weltwahrnehmens in Richtung einer alle altontologischen Züge von stabil-identischen Dingen auflösenden Differenzorientierung *eine der stringentesten Ausführungen der De-ontologisierungsproblematik*. Selbst die philosophischen Werke – wie das Derridasche –, deren ganzes Streben dieser Problematik gilt, bleiben oft weit hinter Luhmanns Leistung zurück[54].

---

53 Spaemann hat seine philosophische Würdigung des Luhmannschen Werkes unter dieses Zeichen einer „Herausforderung der Philosophie" gestellt (seine Laudatio zu Luhmanns Hegel-Preis führt es in ihrem Titel). Die Radikalität dieser Herausforderung hat er gefasst als eine philosophischen Rang besitzende Antiphilosophie. Spaemann definiert das Terrain der noch zu geschehenden Ernstnahme und Auseinandersetzung mit Luhmann als das der „Abschlussgedanken", die er als für die Philosophie unverzichtbar hält. Wir meinen, dass alles „fährt", was man nicht fahren lassen wollen kann. Im postmetaphysischen Kontext hat die Figur der Verteidigung (defensio) der Philosophie durch Sammlung um ihre Substanz selber keine Substanz mehr. Die Philosophie braucht nicht an etwas festzuhalten und muss nicht daran festhalten, wenn es ohne ihr Festhalten daran fort fallen würde. Die Philosophie – wie die Religion – wird nicht durch die Deplausibilisierung der Abschlussgedanken diminuiert, denn sie hat – wie wir es weiter unten ausführen – ihre Substanz am Weltproblem.

54 Habermas hat es zu Recht gewürdigt, als er das Reflexivitätsniveau der Luhmannschen Theorie gegen dasjenige der Denker der Postmoderne hervorhob (1988: 411) – er bezieht sich jedoch nicht einschränkend auf das, was wir die De-ontologisierungsproblematik nennen. Eine ähnliche Würdigung, aber in größerem Detail, findet sich bei Neckel/Wolf 1994: 72ff. Die Überlegenheit der Luhmannschen Theorie gegenüber der postmodernen Kritik liegt nicht nur in ihrer analytischen Elaboriertheit und reflexiver Penetranz, sondern auch in ihrer Distanziert-

Luhmann hat es verstanden, die philosophischen Motive der Problematik voll zu durchschauen, originär neu zu interpretieren und in die Theorie der Weltkonstruktion durch die solitäre Gesamtintersubjektivität der Gesellschaft zu integrieren. Von hier aus erschien ihm – was den Philosophen verborgen bleiben musste – die Umstellung der gesellschaftlichen Kommunikation auf funktionale Differenzierung als derselbe Vorgang des Wandels des Seinssinnes. Damit ergab sich eine ungeheuere, von Luhmann eindrucksvoll eingelöste Klärungschance, *in allen gesellschaftlichen Systemen die ent-ontologisierenden Logiken* sichtbar zu machen und zu *entschlüsseln*[55].

3. Die Reflexivitätsthematik

Sie ist die zentrale und kruziale Thematik des Luhamnnschen Werkes. Sie bestimmt alles an ihm: seine Fragestellung, seine Kategorien, seine Grundbegriffe, seine Denkfiguren und seine operativen Termini. Sie ist es auch, welche seine unmittelbare Relevanz für die Philosophie ausmacht. Mit ihr ist Luhmann am weitesten in Analytisch-Philosophisches vorgedrungen und hat Beiträge geliefert, deren Rezeption in der Philosophie noch aussteht.

Die Philosophie kennt zwar sowohl egologisch-spiritualistische als auch mediologisch-objektivistische Theorien jener so eigentümlichen Rückbiegung eines Denkstrahls auf sich, die das Denken perplex macht und seine geradlinige Fortsetzung anhält. Sie sind stets belegt, vom platonischen Theaitet zur Hegelschen Logik, von Descartes' Ich zum Husserlschen Selbstbewusstsein, von Russels Typenhierarchie zu Wittgensteins Sprachspielen und privaten Welten. Luhmann jedoch generalisiert das Phänomen ins Äußerste und bricht mit seinen bisherigen an Ich-bezogener Evidenz oder universaler Aussagestruktur orientierten Behandlungen. Die Geste ist hier eine der *vollständigen Entschränkung der Problematik*, die den neuen Titel: „*Selbstreferenz*" erhält und nun überall breiter angelegt wird als jeder bisherige Ansatz. Selbstreferenz wird weder auf das Ich noch auf die Sprache begrenzt, sondern an jede Erscheinung geknüpft, gleichgül-

---

heit gegenüber Moralität und Normativisierung von Theorie (ibid. – was sie nach unseren Autoren für linke Intellektuelle in Deutschland sehr attraktiv macht).

55 Luhmann wird oft vorgeworfen, die Ontologie, die er aus den Systemen durch peinliche Ent-ontologisierung all ihrer konstitutiven Termini heraustreibt, durch die fraglose Annahme ihres empirischen Seins („es gibt Systeme" 1984, 30) wieder einzuführen. Zu dieser viel diskutierten Frage der Rezeption, siehe weiter unten.

tig ob diese den höheren Bereichen sinnhaften Erlebens gehört oder in den vorprädikativen, schlicht biotischen oder gar vorbiotischen angesiedelt ist[56]. Die Universalisierung von Selbstreferenz entspricht bei Luhmann der *Generalisierung des Systemgedankens*[57]. Mit diesem gewinnt Luhmann eine nicht näher bezeichnete und prima facie bezeichenbare Basis, die unabhängig von Anschauung (Evidenz gesättigtes Ich-Erlebnis), Deduktion (Entfaltung von primären-transzendentalen Zusammenhängen) und Sprachbedingtheitserfahrung eine all- und selbstumfassende Reflexivitätstheorie zu entwickeln erlaubt[58]. Jede Setzung ist zugleich Selbst- und Fremdsetzung, jede Identität Unterscheidung von Selbst und Anderem und Bewährung dieser Unterscheidung durch Bezugnahme auf sie aller sie fortsetzenden Setzungen. Jedes Etwas setzt eine Systembildung um sein Mit-sich-selbst-gleich-sein im Unterschied zu unbestimmt Anderem voraus[59].

Mit der Entschränkung der Reflexivitätsproblematik fällt in Luhmanns Theorie eine weitreichende Entscheidung. Von der Sprengung aller Einengungen der Theorie auf besonders prägnante Involutionsphänomene her ist, in der Tat, die Systemtheorie konzipiert[60]. Sie

56 Eine Parallele zu dieser Generalisierung könnte man bei den Neuplatonikern (einem Proklos) oder bei Leibniz und Hegel finden. Entscheidender Unterschied zu Luhmanns Ansatz sind die schweren spiritualistischen Voraussetzungen all dieser philosophischen Generalisierungen – Identität von Idee und Intellekt, Geist als Substanz.

57 Landgrebe (1975) erkennt zu Recht beides: die Entankerung der Selbstreferenz aus dem Selbstbewusstsein mit daraus folgendem Verlust aller intuitiven Erfüllung der theoretischen Intention (27); die Generalisierung der Grundbegriffe (ibid.), die dadurch für den Phänomenologen erratisch werden. Die Verfremdung der phänomenologischen Begriffe durch ihren systemtheoretischen Gebrauch ist Hauptthema der Untersuchung Landgrebes, der sich dann bemüht, den „transzendentalen Schein" (31) der systemtheoretischen Begriffe aufzuzeigen und aufzuheben.

58 Dies geht einher mit einer Relativierung der personalen Zwecksetzung und dem Abbau der Dignität von Zwecken. Da Selbstreferenz nicht mehr an die reflexiv sich über Zwecke selbst bestimmende Person geknüpft ist, bedeutet die Entschränkung der Reflexivität eine solche der Zwecke, die überall auftreten können, jedoch nur noch als variable poly- und äquifunktionale Strategien (siehe dazu Obermeier 1988: 72).

59 Mit Luhmanns Worten: „Realität [ist] auch unabhängig von der Erkenntnis zirkulär strukturiert" (1984: 648).

60 Eine ähnliche Bewegung der Übertragung des Reflexivitätsgedanken jenseits der Grenzen des Bewusstseins auf jede Identität (als Identität von Identität und Differenz) schlechthin findet sich bei Hegel. Die Konvergenz dieser Verallgemeinerungen ist Thema einer inzwischen kristallisierten Forschungsrichtung, die sich für die eventuell bestehenden Bezüge zwischen Hegel und Luhmann interessiert. Sie-

entfaltet ihre Innovationskraft im Verbund mit weiteren heterogenen Theoriestücken, wie der Spencer Brownschen Protologik (für die Unterscheidungstheorie) und der Kybernetik zweiter Ordnung (für den Beobachtungsbegriff). Insgesamt hat man den Eindruck, ein *Reflexivitätsverständnis* zu gewinnen, das keiner Tradition etwas schuldet, sondern *autonom und universal-freizügig* ist. Es macht eine Art Corpus apodiktischer Aussagen aus, die nicht weiter begründet noch ausgelegt werden. Es lässt sich überall einführen und bringt mit sich die radikalen Umstellungen auf Differenz, Ereignis, Operativität, Geschlossenheit bei Selbstuneinholbarkeit, In-sich-selbst-wiedervorkommen, Oszillation, Indeterminiertheit, Herausbildung von Eigenwerten. Es ist so fein ausgearbeitet und so komplett, dass es alle bisherigen Konzepte in sich zu enthalten – oder jedes weit zu übertreffen – scheint. Anstatt die kreishaften Rekursionen, wie die Tradition es tat, in einer Ebene zu etablieren und sie als Gründungsboden aller weiteren sinnhaften Objektanzeigen anzusehen, werden Unterscheidungen in diesem Rahmen als selbstenthaltend (self-continent), nur auf sich bezogen gedacht. Die *Selbstreferenz* ist dann *polykontextural*: die einzelnen Rekursionen verketten sich nicht zu einem Grund, der sie abschließt und trägt. Die Reflexivitätsproblematik erfährt damit eine Art Potenzierung, die sie von den alterprobten Figuren löst: so z.B. von der sphärischen Kreishaftigkeit eines sich und alles umfassenden Logos; oder dem cartesischen Baum der Erkenntnis mit seinen Verästelungen, die alle von einem Stamm und Grund ausgehen. Sie wird überführt zu den neuen Figuren einzelner unumwendbar-inwendiger Topoi, in sich kreisender Toren und Escherscher „braids"[61].

4. Die Thematik des Subjekts

Sie ist als Ableger der vorigen zu verstehen. Luhmann überbietet den philosophischen Entwurf einer Ich-Subjektivität durch die gerade beschriebene extreme Ausweitung der Reflexivität[62]. Das selbstbe-

he Bergler 1999, Ellrich 1996: 467-472, sowie Ms 1999, Spaemann 1989: 62 et passim – hinzuweisen ist vielleicht auf Ziemke (1992), der, Luhmann ausdrücklich ausklammernd (125), die Parallelität der Reflexivitätsstrukturen bei Hegel und in der Systemtheorie nachweist. In Luhmanns Werk finden sich einige gestreute, Theoriestruktur und Reflexivitätsbeherrschung sehr positiv würdigende Bemerkungen zu Hegel (darunter 1997b: 860)

61 Siehe Hofstaedter (1979).

62 Paradigmatisch für diese Forderung der Ausweitung, ist Luhmann 1997a.

wusste Subjekt-Ich verliert das Monopol des nunmehr als Selbstreferenz universalistisch ausgelegten Selbstbezugs all dessen, was sich unterscheiden lässt[63]. Es wird zu einem selbstreflexiven Gebilde, zu einem System unter anderen. Es darf nicht einmal mehr als das alleinige sinnreflektierende System gelten. Das Monopol des selbstreferenziellen, systembildenden Sinnprozessierens teilt es nunmehr mit der Kommunikation als einer ebenso autonomen Sinnpoiese. Hiermit wird die Radikalität der *Lösung von der Evidenzerlebnisbasis* aller modernen transzendentalen Subjektphilosophien überaus deutlich. Reflexivität hat nichts mehr zu tun mit jenem Erlebnis der Selbsthabe, der intuitiongesättigten Selbstkoinzidenz.

Die Unbezweifelbarkeit des Zusammenfallens von Bewusstsein und Bewusstem ist für die moderne Subjekt-Philosophie eine unmittelbare, verweislose. Diese *Tradition denkt aus dem äußersten* und letzten *Denkzwang als Evidenz* heraus. Was denkunmöglich ist, was nicht gedacht werden kann, ist die Irre – weil dessen Annahme alles Denkbare gleichwahrscheinlich macht. Was sich bei hyperbolischer Anstrengung zum Gedachtwerden nicht anders denken lässt, als wie es sich zu denken gibt, ist fester, wahrer Gedanke. Die Erfahrung der Koinzidenz beider, sonstwo einander nicht erreichenden Pole des Subjekts und Objekts in der Subjekt-Reflexion ist die Gründung des Denkens in sich selbst auf dem Boden der stärksten Erkenntnissicherheit. Es ist hier kein Raum für eine Andersdenkbarkeit der Sache. Solange Denken Denken sein will, Wahrheit als Wahrheit intendiert werden will, solange man sich nicht in der Irre aufgeben will, solange muss die Reflexion als Grund von wahrheitsfähigem Denken gelten.

Hingegen denkt die Luhmannsche Theorie aus einer Mischung von schlichter Apodeixis und irreduktibler Paradoxie heraus. Die Reflexion ist ihr nicht aus dem Grunde so wichtig, weil sie die Fähigkeit einer erlebnisbasierten Gründung der Denkwahrheit in sich trägt. Vielmehr birgt Reflexion für Luhmann gerade die Unmöglichkeit der Haftung an sich selbst von Subjekt und Objekt. Insofern kann sie strukturell nicht das geben, was von ihr erwartet wird. Luhmann versteht sie als einen Bestandteil der Autopoiesis des Bewusstseins. Die operativen Elemente dieser Autopoiesis heißen „Gedanken“ und werden in ständigen Rekursionen von den jeweils sich ihnen anschließenden beobachtet. Der Anschluss eines Gedankens an den

63 Durch asymmetrisch-gleichursprünglichen Selbst- und Fremdbezug.

vorigen nimmt die Form einer Unterscheidung von Selbst und Nicht-Selbst durch den nachfolgenden an, welcher den vorangehenden unterscheidungsmäßig überschaut, ohne ihn einholen zu können. Es bleibt immer eine Art intertemporeller Kluft bestehen, die nichts ausfüllen kann[64]. Nie kommt es zur Koinzidenz. Dies bringt mit sich eine *Umstellung von einem Denken-aus-Evidenz auf ein Denken-trotz-Inevidenz* – oder aufgrund von Inevidenz. Dieses Denken hat keine andere Garantie als die eigene Erweiterung seiner Möglichkeiten durch die Akzeptanz und Integrierung von imaginären oder paradoxen Bestandteilen. Es bewährt sich durch seine Fähigkeit, Intellektion zu produzieren. Die Basis eines solchen Denkens ist dann *nicht mehr reflektive Evidenz, sondern konstruktive, kontext- oder systemspezifische Unterscheidungsbewährung*[65].

5. Die Thematik der Intersubjektivität

Luhmanns Beitrag zur philosophischen Intersubjektivitätsthematik ist kein geringer. Die Idee einer Autopoiesis der Kommunikation, welche die Sozialität von sich aus begründet und expliziert, führt geradewegs auf den Kern der Schwierigkeit, entwirrt die verflochtenen

64 Diese Zusammenhänge sind oft besprochen worden, sowohl in der soziologischen als auch philosophischen Rezeption (siehe Nassehi 1993a 187ff. und 1993b, Ellrich 1994: 394 mit Verweis auf die maßgebliche Interpretation von Fuchs (1992: 83)). Die Nähe dieser Unbeobachtbarkeit der autopoietischen Operation im Vollzuge zur Figur des „Es gibt" bei Lyotard unterstreicht R. Pfeiffer (1998, 99ff.).

65 Hinzuweisen ist hier auf die von Ladeur (1994) durchgeführte, konsequent von dieser Differenzorientierung hergeleitete Modellierung einer Subjektpersonalität. Es genügt nämlich nicht zu zeigen, wie Subjektivität gedacht werden muss, wie sie sich selber vergewissern oder entgewissern kann, sondern es muss sichtbar werden, welche Gestalt von Subjektivität sich dabei ergibt. Dies bietet Ladeur, der den Begriff einer „relationalen Persönlichkeit" bildet als einer Subjekt-Person, die „Schnittpunkt einer Pluralität von Systemreferenzen" (423) ist und dadurch die vielen traditionellen Konzepte der Verbürgung ihrer Einheit, ihres Wesens und ihrer Verständigungsweisen mit anderen abwerfen muss. Ladeur plädiert für das Akzeptieren einer „pluralen, für die Vielfalt möglicher Situationen offenen Persönlichkeit", die sich ganz auf „flexible Erwartungsstrukturen" (ibid.) umstellt und dazu die nötigen Brechungen zwischen Institutionen und Organisationen vornimmt. Dies setzt voraus die Vollendung der Trauerarbeit um die Verfügbarkeit globaler Werte sowie einer auf das gesellschaftliche Lebensganze gehenden Verständigung. Der Zerfall der Einheitszusammenhänge der Kommunikation führt zu einer Japanisierung, könnte man sagen, der Individualität oder zu ihrer Umformung zur „Dividualität" – ein Fazit, worin zwei systemtheoretisch, von einander unabhängig denkende Autoren sich treffen (es sind Ladeur (1994) und Fuchs (1995), der den Begriff des „Dividuum" prägt).

Lösungsversuche und antiquisiert letztlich diese Crux der modernen Subjekt-Philosophie. Die Eleganz der Lösung beeindruckt sowie der Reichtum der Einsichten, den sie an den Tag fördert[66]. Die kapitale Theorieentscheidung, die hier auf dem Spiel steht, ist die einer gänzlichen *Umkehrung der klassischen Problemstellung* um die Intersubjektivität. Diese theoretische Wende ist nicht von vornherein ersichtlich. Nach relativ klassischen (phänomenologischen) Voranlagen geht alles ganz schnell vor sich hin: die Einführung des Gedankens einer Autopoiesis der Sozialität ermöglicht eine Art *Abheben von den subjektivistischen Voranlagen* und die Beförderung der Theorie auf eine *zweite Trajektorie* um einen Komplex mit vollkommen *autonomer Intelligibilität.*

Die Affinität der theoretischen Primäranlagen der Luhmannschen Theorie mit Husserls Ansatz zur phänomenologischen Begründung und Beschreibung der Intersubjektivität hat Lutz Ellrich (1992) aufgezeigt. Die doppelte Kontingenz erscheint in seiner Interpretation als eine strenge Version der Intersubjektivitätskonstitution bei Husserl: beiderseits geht man von Ursubjekten aus, mit der Unmöglichkeit einer originären Gebung von alter für ego. Die doppelte Kontingenz ist genauso ein *Analogiemodell* wie der Husserlsche Ansatz[67]. Die *Intransparenz* von ego und alter ist beiderseits unabmilderbar. Doch dies ist gerade die Prämisse, die Luhmann wendet und worauf er die

---

66 Eine knappe Darstellung des Luhmannschen Gedankens einer Autopoiesis der Kommunikation im Unterschied zu einer Autopoiesis des Bewusstseins findet sich bei Kneer/Nassehi (1991), die sie unter den heute angebotenen Alternativen , insbesondere der philosophischen Hermeneutik aufschlussreich situieren und deren Vorzüge zeigen. Ihr Hauptvorzug sei, die Kontingenzerfahrung der Moderne vollständiger zu internalisieren als alle anderen Theoriealternativen.

67 Ein Vorteil des Modells von Analogie und Kontingenz ist für Ellrich (1992) die Reinhaltung der Subjektivität und Intersubjektivität von allem rationalistisch-normierenden Ballast, der aus der Unterstellung von anfänglicher Kongruenz zwischen den Perspektiven oder den Beobachtungen von ego und alter entstehen würde. Im Gegensatz zu Parsons hat kein Wertekonsens anfänglich zu bestehen. Die von Husserl übernommenen Motive sind für Ellrich der vor-prädikative, vorsemiotische Sinnbegriff, die vor-sprachliche Selbst-Präsenz (als sprachlose Mitteilung der eigenen Gedanken des Bewusstseins an sich selbst). Diese Motive entziehen dem Ansatz einer „différance“ den Boden. Luhmann holt die „différance“ auf der Ebene der autopoietischen Konstitution sowohl von Bewusstsein als auch von Sozialität wieder ein durch die Prämisse der Nicht-Koinzidenz von Ich und Ich als auch der „rauhen“ Struktur der Kommunikation als unaufhebbar intransparent. Zum Intransparenzproblem kommunizierender Bewusstseine sowie zur Emergenztheorie der Kommunikation, siehe ausführlich und weiterführend P. Fuchs (1992 und 1993). Siehe allgemein zum thematischen Komplex der Doppelkontingenz Hahn (1998), der eine klare Ausfaltung der Problematik bietet.

„höhere" Autopoiesis der Kommunikation etabliert – bei Voraussetzung und struktureller Kopplung mit der zugrundeliegenden Autopoiesis des Bewusstseins. *Anstatt* sie als das unübersteigbare *Hindernis* der Berührung von ego und alter zu verstehen, setzt Luhmann die Instransparenz gerade als das, was die Kommunikation als neue, *höhere Autopoiesis* betreibt. Kommunikation lebt aus einer „Logik von Unterstellungen", aus „Anschluss- und Selektionszwängen" (Ellrich, 1992: 43)[68].

Am Problem der Intersubjektivität kommt ein *typischer Stil der Problemstellung* und -lösung, den die Luhmannsche Systemtheorie regelmäßig einsetzt, zum Vorschein. Die *„Autopoietisierung"* eines operativen Bereichs erfolgt an manchen Stellen durch *Endogenisierung* sozusagen *der unruhigsten Variable* und ihre Integration in die operativen Rekursionen, welche die Grundlage für eine selbstzentrierte Systembildung liefern. Dies entspricht oft einer Umkehrung der Problemstellung mit hohem heuristischen Reiz. Die unruhige Variable oder das rauh strukturierte Medium bildet dann selber den Kern der Autopoiesis. Grundlage der Autopoiesis ist gerade die grobe Unangemessenheit, die Spurhaftigkeit, die grundsätzliche Infiabilität, kurz die vorgängige Disruption der Elemente des Mediums, in dem

---

68 Einen anderen Ansatz vertritt Bergler (1999: 110ff.), der, Hegel folgend, den Kommunikationsbegriff vergeschichtlicht: Bewusstsein und Selbstbewusstsein koinzidieren nicht von Anfang an – luhmannisch gewendet: Kommunikation ist nicht anfänglich doppelte Kontingenz, die alter und ego gleichstellt und die kommunikative Autopoiesis in Gang setzt; sondern, erst nach der geschichtlichen Verwirklichung der gegenseitigen Anerkennung von alter und ego im staatsrechtlichen Rahmen. Dies läuft u.E. frontal gegen die systemtheoretische, von Saussure inaugurierte Logik, welche synchronische Systemanlagen zu identifizieren sucht und diachronische Fragestellungen erst nach erfolgter Generierung aller Strukturen in der Synchronie bespricht – abgesehen davon, dass Luhmann den Hegelschen Geist als einen Vorgänger der Reflexivitätsstrukturen erkennt, welche die vollständig ausdifferenzierte Gesellschaft charakterisieren und somit seinerzeit einer „sozialen Realisation" entbehren musste (1997b: 860) Dies lässt allerdings die Möglichkeit einer Kritik der doppelten Kontingenz unangetastet, die ihr rein strukturelles Verständnis in Frage stellt. Hier setzt auch Schulte an, der die Entstehung des Systems aus der Intransparenz genau herausarbeitet (1993: 90-111) und massive, die Hauptprämissen der Theorie (als „diabolische") verwerfende Bedenken meldet. Ähnlich wie Bergler und Schulte argumentiert Gross (1989), der die Differenzorientierung bei Luhmann als ein Moment der Theorie- und Realitätsentwicklung deutet – nämlich das anfängliche der Zerstreuung, das durch eine Einheit und Eigentlichkeit (im Sinne Rombachs) stiftende Phase überholt werden muss. Allen diesen Ansätzen liegen weltanschauliche Interpretationen der Luhmannschen Theorie zugrunde – welche ihrerseits aus weltanschaulicher Askese lebt.

sie stattfindet. Die Autopoiesis wäre gar keine und könnte ihre Elemente aus ihren Verknüpfungen nicht reproduzieren, wenn sie nur noch komplexitätslose, von Hause aus aufeinander bezogene, redundant-mechanische Elemente enthielte[69].

Dies geht mit einer *Anonymisierung der Systemgrundlage* selbst einher[70]. Die Autopoiesis wird nicht betrieben von einem Subjekt, einem Täter, einer Instanz, die handlungsurheberisch die autopoietische Operation aktiviert. Wie wir weiter unten sehen werden, sind die Operationen der Autopoiesis intern-transitiv, haben keinen Operator außerhalb ihrer selbst – noch bringen sie ein Operatum aus sich selbst hervor. Die Theorieanlage ist dann weitgehend *kontraintuitiv*. Im Gegensatz zur Phänomenologie, kann sich die Luhmann'sche Theorie der Sozialität eine lange durchzuhaltende Abspaltung von der Intuition leisten. Die Kommunikation braucht nicht durch intuitiven Nachvollzug ihres Aktaufbaus anschaulich zu werden. Sie wird konstruiert bei Integrierung ihres Paradoxes in das Zentrum ihrer Autopoiesis. An die Stelle der sich an psychische Motivationsstrukturen anschmiegenden apriorischen Analogik Husserls oder gar Dramatik Fichtes oder Hegels[71] tritt bei Luhmann einzig eine Logik der Autokatalyse und des Selbstanschlusses, die alle Formen durch selbstorganisierende Kondensation hervorbringt.

---

69 Zur Generation und Inbetriebhaltung der Kommunikation aus der Intransparenz, siehe Schmid (1997: 276) sowie den sehr klaren und anregenden Aufsatz Hahns (1998, insbes. S. 509), der die intransparente Komponente der Kommunikation Verständigung nennt, ihr eine strukturell strategische Dimension unterstellt und sie gegen den emphatischen Konsensbegriff abhebt. Es ist ein verschiedentlich formulierter Vorwurf gegen Luhmanns Theorie der Kommunikation, dass sie die Möglichkeit von Unsinn (siehe Baier 1989, S. 49) bzw. von sinnigem Unsinn („signifying failures", siehe Staeheli, Ms. 1997) nicht enthalte – und damit nicht „in die dekonstruktive Pendelbewegung einmündet" (Ellrich 1994: 388). Unsere Darstellung kommt diesem Vorwurf zuvor und bietet ein Verständnis der Autopoiesis auf der Grundlage der Unentschiedenheit der Sinnigkeit des Sinnes. Eine Restdifferenz zu Derrida verbleibt, der die Kommunikation nicht als Entparadoxierung anzusetzen interessiert ist (siehe zu diesem Unterschied zu Derrida, Ellrich 1993: 393f.).

70 Eine solche Anonymisierung unterstellt stets einen Übergriff der Systemkonstitution über ein Subjekt hinaus. Eine gute Formulierung bezüglich der vorsubjektiven Entschränkung des Sinnes findet man bei Meuter (1995: 47): „Nicht das Subjekt bringt den Sinn in die Welt, sondern der Sinn bringt das Subjekt in die Welt". Subjekte sind von Medien umfangen, die schon die Struktur ihrer autopoietischen Reproduktion mitbringen und vollziehen. Eine solche theoretische Strategie kommt Eley (1972: 97ff.) einem „Rückfall in die Ontologie" gleich.

71 Es sind dies die apriorischen Dramatiken der Anerkennung/Erziehung beim ersteren und des Herrschaftskampfes beim letzteren.

6. Die Thematik des Sinnes

Sie findet von vorneherein Beachtung als philosophisch relevant. Sie gehört nämlich zu jenen expliziten Anleihen bei der Husserlschen Phänomenologie. Luhmanns Interesse für die Sinnproblematik rührt von seinem *Bedürfnis, die allgemeine Systemtheorie* – als general systems philosophy – *bereichsspezifisch zu modulieren*, um sie instruktiver anwendbar zu machen als sie von sich aus wäre. Die Allgemeinheit der Systemtheorie ist nämlich zweischneidig: dem Anreiz einer Theorie, die alle Logik der Komplexität in sich rekonstruiert, entspricht das Risiko einer Aushöhlung ihrer Aussagekraft, wenn sie diese Logik auf sehr hohem Abstraktionsniveau generalisiert und die Ausgestaltungen einzelner Systemtypen nicht mehr berücksichtigen kann. Um dem entgegenzuwirken hat der frühe Luhmann versucht, einen Schnitt zwischen solchen Systemarten zu ziehen, die Sinn prozessieren, und solchen, die es nicht tun. Die Komplexitätslogik, die auf subsemantischem – also biotischem oder vorbiotischem Niveau – anzutreffen ist, verrät wenig von dem, was auf semantischem Niveau geschieht. Luhmann ging es also um die Erfassung der *Systemspezifik von Sinnsystemen*, die für ihn das psychische und das soziale System – also Bewusstsein und Kommunikation – sind. Ein von der biologischen Systemtheorie – eines Bertalanffy z.B. – oder der Kybernetik entliehener Systembegriff hätte zu einer Theorie des Bewusstseins oder der Gesellschaft über elementare Rückkopplungs- und Variationskonzepte hinaus wenig beizutragen gehabt[72].

72 Die Kritik der Luhmannschen Autopoiesis-Auffassung durch Krüger (1992) unterstreicht ihr Versäumnis, sich gerade enger an die organismisch-biologischen und kommunikationstheoretischen Modelle anzubinden. Das Ergebnis ist, Krüger zufolge, eine ungerechtfertigte monologisch-transzendentalistische Abkoppelung der Selbstreferenz von der ihr in den genannten Modellen zugrundeliegenden Autopoiesis, was letztlich das Neokonservative „bias“ der Luhmannschen Theorie determinieren würde: Abkehr von den organismischen, sprachlich-dialogischen Kopplungen, ohne die keine Kommunikation möglich ist; Verfangensein in der Selbstreferenzialität von Kommunikationsmedien, die keine echten Alternativen zu ihrer binären Codierung mehr zulassen. Krügers Kritiklinie scheint uns nicht zwingend: es wäre in Anlehnung an eine Fülle von Luhmannschen Texten ein Leichtes zu zeigen, dass die Selbstreferenzialität der Kommunikation keineswegs eine monologische Abschottung zur Folge hat; es wäre ein Leichtes, die Rekonstruktion von Luhmanns Theorie durchwegs an Differenz, Kopplung und Sprache zu orientieren. Ein Beispiel einer der Krügerschen entgegengesetzten Interpretation der Theoriestücke Sprache und Kommunikation bietet Krämer (1998), die gerade die sprachliche Medialität der Kommunikation hervorhebt (561).

Für seine Theorie von über Sinn und Sprache konstituierten Systemen brauchte Luhmann einen viel weitergehenden Abbau von univoker Determination, strikter Kopplung und Redundanz, als es in der biologisch-systemischen Theorie zur Absetzung vom Gegenständlichkeitsentwurf des Physikalismus geleistet wurde[73]. Der phänomenologische Sinnbegriff gab Luhmann ein Mittel zu einer durchgehenden Modalisierung aller Kopplungen innerhalb der betrachteten Systeme. *Sinn* wurde somit zum *Kopplungsmedium*, das die *größte Variablität, Mobilität, Revisibilität der Bezüge gewährleistete*. Sinn ist ein Medium, in dem das faktische So-sein und die analternativen Zusammenhänge der Ontizität vollkommen virtualisiert, d.h. negiert werden. Sinn ist die Eröffnung eines Seinsbereichs, der nunmehr die durch mechanische Festgelegtheit begrenzte, an Programmierung gebundene Variabilität sowie rein algorithmisch-überkomplexe Formgenerierung überhöht. Es ist ein Medium, worin die Unterscheidung zwischen Thema und Horizont, d.h. zwischen einem engen Festgehaltenen, provisorisch Bejahten und der unerschöpflichen Menge seiner Negationsmöglichkeiten entsteht. *Sinn modalisiert alle Seinsetzung*[74].

Für *Husserl* steht beim Sinnbegriff nicht die allgemeine Modalisierung, sondern die intentionale Subjekt-Perspektive im Vordergrund. Zwischen Intention und anschaulicher Erfüllung besteht eine an-

---

73 In origineller Gedankenführung versteht Brücher (1989) diese Spezifikation von Sinnsystemen nicht als Absetzung von Nicht-Sinnsystemen ausserhalb der Sinndimension. Sie erkennt ganz zurecht und scharfsinnig genug, dass der Luhmannsche Sinnbegriff letztlich alle Merkmale des Konstitutionstranszendentalismus verloren hat. Man vollzieht mit Luhmann (in Brüchers Interpretation) eine „Generalisierung des Transzendentalismus" (506), die ihm seiner bekannten Schematisierung einer Konstitutionsseite von Welt, der eine Konstituiertenseite gegenüberliegt, beraubt. Sinn ist Selektion schlechthin und somit nicht auf Bewusstsein oder Kommunikation beschränkt. Er umspannt die ganze physikalische und biotische Natur. Alle Systeme – und die ganze Natur, alles Seiende ist System – entstehen aus Selektionen aus Möglichem und Alternativem. Sinn und Natur sind „Äquivokationen ein und derselben Sache" (515). Eine Annäherung an Luhmanns Sinnbegriff von dessen eigenem medientheoretischen Entwurf her bietet Krämer (1998), die aber zu anderen Ergebnissen kommt als Brücher. Der Gang ihrer Argumentation ist stimulierend knapp und rasch, doch einiges verlangt eine langatmigere Auseinandersetzung – so z.B. die Rekonstruktion der Medientheorie oder die Behauptung, der Begriff einer Form-als-Vollzug hätte in der Philosophie keine Vorgänger (s. dazu Clam 2000).

74 Zolos (1986:119) Aufstellung der Polysemie des Sinnbegriffs bei Luhmann ist vollkommen unempathisch und verliert das dahinterstehende theoretische Projekt. Sie ignoriert die Modalitätskomponente. Insgesamt fällt Zolos kritische Annäherung an Luhmann eher verfremdend als verstehend aus. S. hingegen Hahn1987.

fänglich nicht ausfüllbare Kluft. Das Vorauslaufen der Intention unterlegt der Welt Sinn und erwartet die Bestätigung dessen, was sie intendiert. Da die Erfüllung der Sinnintention sich stets verweigern oder revidiert werden kann, hat Sinn strukturell etwas mit möglicher Negation zu tun. Hingegen hat Luhmann den Begriff von aller subjektiv nachvollziehender Anschauung abgeschnitten und ihn in seiner Theorie ganz anders nachkonstruiert[75]. Das Problem des Luhmannschen Konzepts ist das von uns oben angezeigte der Verselbständigung und Freizügigwerdung eines philosophischen Theoriestücks, das dadurch die Gründungsdimension der meditativen Urbesinnung verlässt und seinem Herkunftshorizont vollkommen entfremdet wird. In schlicht apodiktischer Fassung wird es in eine in sich selbst polykontexturierten Theorie eingebaut.

7. Die Thematik der Operativität

Eine als solche von der Rezeption wenig behandelte *Thematik* ist die *der Operativität.* Philosophisch auffälligere Aspekte dieser Thematik, wie der der Zeit oder der faktisch-empirischen Gegebenheit von Systemen, werden regelmäßig besprochen. Unsere These ist, dass diese Aspekte sich erst von der Theorie der Operativität her klären lassen, da sich die ganze Systemtheorie Luhmannscher Prägung um diesen Begriff artikuliert und die Gestaltung all ihrer Teile maßgeblich an ihm orientiert.

Luhmann setzt seine Systeme, im Unterschied zu Mengenganzheiten oder räumlich abgegrenzten Konglobationen als operative Vollzüge an. Es muss noch einmal kontraintuitiv gedacht werden: das System ist kein Ding, das in der Welt vorkommt, eine innere Struktur oder Organisation aufweist und zur Welt ein Verhältnis unterhält, das über das „interface" seiner räumlichen Grenzen läuft. Das System besteht einzig aus Operationen und enthält keine Elemente, die außerhalb der Operationen, in die sie eingehen, einen materialen Bestand hätten. Ein System hat weder materiell-elementare noch räumliche Bestandteile. Außerhalb seiner von Moment zu Moment erfolgenden, aneinander anschließenden und kontinuierenden operativen Vollzüge ist es nichts. In dem Augenblick, wo das System die es

---

75 Dass hierbei eine Möglichkeit für eine Konvergenz von Systemtheorie und verstehender Soziologie um den Begriff der über Sinn konstituierten Handlung – wie sie Heidenescher (1991) behauptet – offen bleibt, soll nicht in Frage gestellt werden.

konstituierende Unterscheidung seiner selbst von seiner Umwelt aussetzt, verschwindet es. Selbst die Hinsicht auf die vom System durch sein Operieren in die Welt gesetzte Wirkung ist nicht die eigentliche und droht irreführend zu werden. So werden oft Systeme mit ihrer „Leistung“[76] als dem von ihnen konkrete Gestalt annehmenden Hervorgebrachten verwechselt. Luhmann besteht sehr strikt auf seiner operativistischen Konzeption. Ihre letzten Konsequenzen ließen sich folgendermaßen indizieren: *Einssein von Operatio, Operator und Operatum* in einer systemischen *Nur-Vollzug-Struktur*[77]. Diese Straffung einer klassischerweise transitiv-extensiv gedachten Tat-Vollbringungs-Struktur zu einer intern-transitiven, zirkulären und ohne Auseinanderheit (Extraneität) auskommenden Tathandlungsstruktur[78] ist eine philosophische Figur von zentraler Bedeutung: von Aristoteles bis Heidegger, über Thomas von Aquin und Fichte, ist sie in jeweils grundlegenden Zusammenhängen der verschiedenen Philosophien praktiziert worden. Sie kehrt bei Luhmann als wichtigste deontologisierende Figur wieder[79].

Hinter ihr verbirgt sich die Luhmannsche Problematik der *Zeit* mit ihren schwer durchschaubaren Konstruktionen[80]. Wenn man von der Operativität her an das systemische Zeit-Verständnis herangeht, dann fallen viele der Zugangsschwierigkeiten fort. Die Luhmannsche Zeit ist die *der zirkulären, außenlosen Operation* und ihrer rekursiven Verkettungen. Es ist weder die Zeit der Subjekte noch die der Welt,

---

76 Siehe für eine neuere, übersichtlich gehaltene Behandlung des Themas Luhmann 1997b: 757ff.

77 Ausführlich ist die Problematik der Operativität bei Clam 2000 behandelt.

78 Wir verweisen hier auf den Fichteschen Begriff der „Thathandlung“, weil die von Fichte in diesem Begriff ausgeführte Figur der Zusammenziehung auseinanderliegender Termini paradigmatisch bleibt für jede Internalisierung der Urhebung von Aktivität und ihres objektiven Resultats in diese selbst. Darüber ausführlich Clam 2000.

79 Wir vernachlässigen in unserer Darstellung einen weiteren Aspekt der Operativität, nämlich die über Kontinuation und Kondensierung sinnstiftende Prozeßhaftigkeit. Die Problematik müsste hier Sinn und Operativität zu einem Thema verbinden, das in die Nähe der Narrativitätsforschung führt. Zu den Ähnlichkeiten des Luhmannschen Ansatzes mit dem narrationsphilosophischen Ricoeurs in der Auffassung, wie sich Identitäten (Systemen) konstituieren, siehe Meuter (1995), der allerdings die Ateleologizität der Luhmannschen Systeme für exzessiv hält (ibid. 239).

80 Die am breitesten angelegte Studie zu diesem Thema ist zweifelsohne Nassehi 1993a. Eine Auseinandersetzung mit der Fülle ihres Materials und der Vielfalt ihrer Problematiken ist, nicht zuletzt wegen der oft subtil geführten Interpretationen, hier nicht möglich.

sondern das *interne Gesetz der Operativität*, das die Operationen sequenziert in der Weise, dass alles, was geschieht, gleichzeitig geschieht, und die Operationen über den Engpass eines jeweiligen Stattfindens gezwungen werden[81]. Ebenfalls fällt das Bedenken gegen die von Luhmann quasi unbedacht aufgestellte Behauptung einer empirischen Gegebenheit der Systeme[82], wenn man sie gegen die Folie des Operativitätsgedankens stellt. Systeme sind keine Dinge, die in der Welt empirisch-wahrnehmungsmäßig feststellbar wären. Kommunikation als Operation ist selber nicht messbar, sondern lediglich ihre eventuelle, nach konventionellen Gesichtspunkten beobachtete Leistung an andere Systeme. Was es gibt, sind die gleichzeitig, d.h. entlang der Zeitreduktion geschehenden Operationsvollzüge. Die Zeit als *operationsspezifische Gleichzeitigkeit* ist der *Grund von Empirie*. Die Systeme berühren sich nicht in einer räumlich sie alle umfangenden Welt, sondern in der ihrer Operativität immanenten Zeitreduktion der Gleichzeitigkeit des Geschehenden. Wenn wir umdenken von einer räumlichen oder räumlich-zeitlichen Welt des dinglichen, identischen Bestehens auf eine Zeitwelt mit nur einem Konstituens, der zirkulären, intern-transitiven Operation, erschließen wir uns einen Sinn für die schlicht apodiktische, scheinbar dem Konstruktivismus des systemtheoretischen Gesamtansatzes zuwiderlaufende Behauptung: es gibt Systeme[83].

---

81 Nassehi (1993a, 171ff.) gibt von der Problematik der Gleichzeitigkeit eine Interpretation, die sich an Glanville und Maturana orientiert und sich bei Luhmann um die Konzeption der strukturellen Kopplung artikuliert.

82 Luhmanns These – in *Soziale Systeme* mehrmals ausgesprochen S. 13, 58, 648 – ist auf bestürztes Unverständnis und regen Widerspruch gestoßen. Siehe zu dieser intensiv besprochenen Problematik Nassehi (1992, sowie 1993a, S. 219ff., darin der Verweis auf Schmidt 1989:30), sowie Schulte 1993: 33. Unverständnis bezeugt Raschs besorgter Versuch (1998), konsistenten Sinn aus scheinbar gegensätzlichen Aussagen ein und desselben Werkes Luhmanns zu machen, der einerseits die unbezweifelbare Gegenbenheit einer physikalischen Basiskausalität ansetzt, dabei aber andererseits an der Konstruktivität aller Kausalattributionen festhält.

83 Dies hindert nicht, dass die Luhmannsche Aussage, in ihrer Schlichtheit, an sich eine provokative Zumutung bleibt. Unsere sehr knapp vorgeschlagene Lösung kommt in die Nähe von Nassehis an der Gleichzeitigkeit des Operierens von Systemen entwickelten Realitätsbegriff. Die Interpretation der Luhmannschen These eines unergründeten Empirischseins der Systeme durch Nassehi als Autoontologisierungseffekt des Systems „Systemtheorie" selbst ist anregend, bedarf aber näherer Diskussion. Ein anderer Strang der Begründung der Gegebenheit einer Außenwelt gibt Soziol. Aufkl. 5, Opladen 1990, S. 40f. („Kein Zweifel also, dass die Außenwelt existiert..."), der zufolge die Welt oder die Außenwelt die Einheit der Differenz von Unterscheidung von System und Umwelt, d.h. der Un-

8. Die Thematik der Welt

Sie ist die einzige, von der Luhmann anerkennt, dass sie die eigene Theorie überfordert[84]. Die Luhmannsche Theorie ist, wie wir gesehen haben, eine Supertheorie in dem Sinne, dass sie in sich selbst wieder vorkommt. Supertheorien sind insofern immer Theorietheorien und haben daher durch vollständige Selbstverortung einen Universalbezug: sie stellen sich nicht nur die Frage nach den adäquaten Methoden der Annäherung ihrer Gegenstände in erster Intention, sondern geben sich Rechenschaft über die blinden Flecke dieser Annäherung selbst und werden dadurch zu Theorien der Blindheit von Theorien. Das Gewahrwerden der inneren und unaufhebbaren Voraussetzung des eigenen Beobachtens ist, in dieser Fassung, nicht ein schlichtes Beobachten zweiter Ordnung, sondern Reflexion der

---

terscheidung von Unterscheidung(en) ist. Da die Unterscheidung von Unterscheidung(en) das uranfängliche Faktum ist, kann es es nicht nicht geben. Die Welt „gibt es" dann selbstverständlich, weil die Unterscheidung einer Unterscheidung in jeglicher Setzung und Nicht-Setzung von etwas (also auch in der Negation von etwas und allem) immer schon gegeben ist. „Empirisch" ist dann diese Welt und die Systeme, die in ihr „sind", weil sie beobachtbar sind: die Welt und ihre Systeme sind Ereignisse (nicht Dinge), die als solche nicht nicht sein können, da ihr Nichtsein durch eine Operation der Unterscheidung (sein/nichtsein) erzeugt werden müsste (während Dinge im Raume sein und nichtsein können). Das Argument erinnert an das klassische Descartes', wonach man irren könnte in Bezug auf bestimmte Inhalte (ein Ding, einen Sachverhalt mit einem anderen verwechseln könnte), dieses Irren selber aber nicht aus der Welt schaffen kann. Um irren zu können, muss man existieren. Um ein selbstreferenzielles, geschlossenes, Welt-nicht-erreichendes System zu sein, muss die Unterscheidung System-Umwelt in einem System unterschieden sein mit der Voraussetzung ihrer Einheit in einer Welt, die als Urfaktum jeglichen Unterscheidens faktisch gegeben sein muss. Das philosophische Problem bleibt jedoch erhalten: was ist der Sinn dieses Seins des Urfaktums Welt? Luhmann hantiert weiterhin mit dem Sinn von Sein als Vorhandenheit (es gibt einfach, empirisch, außer Zweifel...). Dies ist höchst unangemessen, da in Luhmanns eigenem konstruktivistischen Theorierahmen jede ontologisierende Setzung von gegebenen Dingen aufgelöst wird in der Einheit des Weltparadoxes selbst – oder im Paradox der Welt als Einheit einer jeglichen Unterscheidung.

84 Zu dieser Thematik siehe: Thomas 1992, Pfeiffer 1998: 59f. Die von Thomas kritisierte Äquivozität des Luhmannschen Weltbegriffs ist für uns weder negativ zu beurteilen noch an sich entscheidend. Hingegen wäre die Übernahme des philosophischen Weltbegriffs ohne Ergründungsarbeit bedenklich. Wie wir meinen, ist jedoch der Weltbegriff der einzige theorieüberschreitende Begriff, der als solcher von Luhmann angemessen behandelt wird (1989: 7-21). Eine über diesen Begriff schleichende Re-ontologisierung gewisser Grundannahmen der Theorie können wir nicht sehen. Die äußerste De-ontologisierung kann das Weltproblem nicht zunichte machen; sie macht es im Gegenteil akuter – sonst hätte Dekonstruktion gar keine philosophische Akuität.

Idee von einem solchen Beobachten überhaupt und Besinnung über den Sinn und die Hemmungsweise seiner Paradoxität. Selbst wenn eine solche Theorie sich als horizontal-positive „Forschung“ versteht – im Gegensatz zu einer philosophischen Ergründung –,kann sie nicht umhin über sich selbst hinauszuweisen. Wenn sie in Konsonanz mit ihren eigenen differenzialistischen Prämissen sich weigert, mehr als ein Vorschlag zu sein, eine Vielfalt von Differenzen durchzuspielen und ihre Zusammenfügung bis zur Emergenz von (Konsistenz-)Eigenwerten zu betreiben, dann *enthält* sie wenigstens die *Anzeige eines Problems, das sie selber nicht stellt.* Die Theorie der funktionalen Differenzierung der modernen gesellschaftlichen Kommunikation bietet eine Sage von der Schließung der Theorie in sich selbst (nur funktional differenzierte Gesellschaften bringen Differenzbeobachten und differenzialistische Theorien eines solchen Beobachters hervor); sie würde sich aber zu einer linearen Meta-Erzählung vom Weltwerden zurückwandeln, wenn sie sich nicht in der Mobilität ihrer eigenen kontingenten Unterscheidungen zurücknehmen würde. Die Negierung jeglicher transitiven Ordnung ihrer Gründe – die Zersetzung eines jeden Anfangs einer narrativen Kondensierung – wird von ihrer eigenen Paradoxität erzwungen. Und doch bleibt die *Frage dieser Paradoxität aller Sinnordnung in allen Forschungsrichtungen der Theorie mitgegenwärtig*[85].

Luhmann hat diese in seiner Theorie mitgeführte Problemanzeige beachtet und so weit nötig reflektiert. Sie wird unter dem Titel „Welt“ behandelt und anfänglich in Orientierung am phänomenologischen *Weltbegriff* als des Horizonts allen Sinnes entwickelt. Später verschmilzt sie mit einem Grundterm der Spencer Brownschen Protologik, dem „unmarked state“ oder „space“, und bekommt eine in vielerlei Besinnungsrichtungen führende, szs. spekulative Anlage. Welt im Sinne dieser vereinigten Motive ist der Horizont aller Horizonte als dem Hintergrund aller Thematisierungen: sie ist der unerschöpfliche Grund der unzählbaren anderen Möglichkeiten als den gerade realisierten; die unerschöpfliche Menge der Alternativen zu den gerade vor diesem Grund beobachteten Unterscheidungen. Die

85 Nassehi (1993b: 233ff.) identifiziert in Luhmanns Theorie insgesamt vier differenzlose Begriffe („God terms"): Welt, Realität, Sinn, Zeit – während Luhmann nur die ersten drei konzediert. Die Äquivalenz dieser Begriffe macht keine Schwierigkeit. In der Luhmannschen Theorie kam de facto der Weltbegriff immer mehr dazu, die Problematik der Transzendenz zu tragen.

Welt birgt eine unendliche Varietät möglicher Differenzproduktion. Sie ist der *Überschuss* schlechthin und wird von jeder Unterscheidung als *Transzendenz* mitgeführt: allmählich gerät der Weltbegriff in die Rolle eines Gegenbegriffs zur Differenz schlechthin. Welt wird zum Rest aller Unterscheidung von Unterscheidungen, d.h. zum unaufhebbaren blinden Fleck aller Durchleuchtung von blinden Flecken durch ein Beobachten zweiter Ordnung. Die Welt ist *das Nicht-Beobachtbare als die Unmöglichkeit eines von aussen her In-den-Blick-bekommens einer Unterscheidung* oder eines Systems. Wäre Welt erreichbar, dann wäre die Außensicht einer Systemunterscheidung möglich. Eine Systemdifferenz ist aber strukturell selbstreferent und selbstzentriert und kann nur in sich selbst wieder eintreten. Sie enthält aber den Hinweis auf jenes uneinholbare Außen, das die Welt als Transzendenz kennzeichnet[86].

Diese Durchsicht zentraler Themen der Luhmannschen Theorie *hat wesentliche Berührungen mit der Philosophie* gezeigt. Sie hat klargemacht, inwiefern sie wie kaum eine ihrer Vorgängerinnen zur Herausforderin der Philosophie wird. Sozialwissenschaftliche Theorien hatten bislang in jenem Verhältnis der Angrenzung und Anlehnung an die Philosophie verharrt. Von ihnen gingen zwar viele Anregungen an sie, die sogar zu einer epistemologischen Spezialbeschäftigung mit den Sozialwissenschaften motiviert haben. Dieses Verhältnis ist, wie wir sahen, durch die Luhmannsche Theorie vollkommen umgewälzt geworden. Dies geschieht nicht durch die Aneignung philosophischer Themen, sondern gerade umgekehrt durch die *Fähigkeit der Expropriierung solcher Themen aus der Philosophie* mit den Mitteln einer differenztheoretischen Behandlung. Die vorgeführte Möglichkeit einer solchen Behandlung ist es, welche die akutesten Fragen an die Philosophie richtet. Deshalb bleibt eine nur thematisch orientierte Auseinandersetzung der Philosophie mit der Luhmannschen Theorie eine allenfalls partielle. Der philosophischen Rezeption dieser Theo-

---

86 Schultes (1993) sehr anregende Interpretation von Luhmanns Werk tut ihm in der zentralen Beziehung zum Weltproblem u.E. massiv Unrecht. Schulte versteht die Luhmannsche Theorie als eine Verdrängungsfabrik, könnte man sagen: Sie verdrängt die Verdrängung des eigentlichen blinden Flecks aller Existenz, nämlich den Tod. Ihre Verschleierungstechniken sind äußerst kunstvoll und machen eine resolute Entschleierung, wie sie Schulte betreibt, notwendig. Dieser übersieht jedoch, dass Luhmann immer wieder auf das Weltproblem in tiefem Bewusstsein seiner Abgründigkeit und Ineludierbarkeit hingewiesen, ja den funktionalen Ort der für es ausdifferenzierten Systeme theoretisch elaboriert hat.

rie muss es um deren charakteristische Doppelbewegung gehen, die zwischen der differenzialistischen *Erübrigung philosophischer Fragestellungen* einerseits und der dringlichen *Forderung nach philosophischer Klärung* der theoretischen *Prämissen dieser Erübrigung* selbst andererseits oszilliert.

III. Heideggers Destruktion der Ontologie und ihre sozialtheoretische Herausforderung

Es ist nun an der Zeit, dass wir die Perspektive wechseln und die Zusammenhänge von philosophischer Seite her betrachten. Es macht keinen Zweifel, dass die vorgestellte Infragestellung an sich gravierend ist; dass sie die Zerrüttung des globalen Stils des philosophischen Fragens verstärkt und zur allgemeinen Aufgabenverwirrung der Philosophie beiträgt. Es wird im Folgenden weniger darum gehen, einzelne explizite Entgegnungen dieser Infragestellung nachzuvollziehen, als die prinzipiellen Ressourcen eines denkerischen Weges von der Art der Philosophie zu ergründen und auf ihre Fähigkeit hin, einer solchen Herausforderung standzuhalten, zu prüfen. Denn einerseits ist es innerhalb der Philosophie selbst nicht immer klar, was innerhalb der Sozialwissenschaften an Eigenintelligenz von Sinn- und Ethosfragen entwickelt und entfalt wird. Das philosophische Interesse wird viel mehr von den expliziten und tatsächlich gewaltigen Herausforderungen, die in den zeitgenössischen, rasant fortschreitenden Kognitionswissenschaften generiert werden, gebannt. Darüber werden oft Aufgabenentleerung und Zuständigkeitsminderung, die aus anderen Bereichen herrühren, vernachlässigt. Das Potential an realer Entbehrung philosophischer Sinnlegung, das heute in den Human- und Gesellschaftswissenschaften steckt, ist m.E. unermessen. Dies ist umso bedenklicher, als eine solche Herausforderung nur noch wenig mit Latenzproblematiken zu tun hat, welche die gesellschaftlichen Voraussetzungen der philosophischen Diskurse und ihre Solidarität mit gesellschaftlichen Formationen feststellen und im Sinne einer Inhaltsdetermination deuten. Vielmehr ist es die Möglichkeit eines Übertreffens der Philosophie an Reflexionspotenz, die, wie wir oben gesehen haben, am strengsten bedenklich ist. Reflexion wächst in der sozialwissenschaftlichen Theorie, wenn sie sich für ihre eigene Grundlagenbeschaffung und kategoriale Ausgestaltung von jeglicher Bindung an apriorischer Sinngründung freispricht, um variationsreicher und komplexitätsadäquater logische, epistemologische, partikularwissenschaftliche Stücke zu einer modularen, gleitenden, wendigen Intellektionsschöpfung und Theoriebildung zu vereinigen.

Die Idee ist nun, zu einem der letzten großen philosophischen Projekte zurückzukehren, nämlich der Heideggerschen Daseinsanalytik, und die Frage nach der Entbehrlichkeit oder Unentbehrlichkeit der spezifisch philosophischen Komponenten theoretischen Verstehens zu stellen. Ein guter Ansatzpunkt dafür bietet die Tatsache, dass dieses Projekt in seinem Zentrum ein De-ontologisierungsprogramm enthält, ja den Gedanken eines solchen als erstes ausformuliert hat. Am besten erfolgt der Übergang zur Heidegger-Diskussion über eine kurze Besprechung dieser Gemeinsamkeit zwischen Heideggerscher Philosophie und postontologischer Sozialtheorie.

Im Hinblick auf Ursprung und Entfaltung des Differenz-Denkens in Philosophie und Sozialwissenschaft scheinen in der Tat zwei Ansätze maßgebend: der Gedanke einer nicht-ontologischen Weltwahrnehmung in Heideggers Philosophie einerseits und die Luhmannsche Gestalt einer postontologischen Systemtheorie andererseits. Mir scheint, dass es sich lohnt, diese Ansätze gegeneinander zu stellen und aus deren Kontrast etwas über das, was heute in Philosophie, Wissenschaft und alltäglicher Erfahrung denkbar und undenkbar, erlebbar und nicht-erlebbar ist, zu erfahren. Man kann einstiegshalber eine akademisch-klassische Verbindung zwischen beiden Ansätzen herstellen, indem man nach Linien der Beeinflussung und des Beeinflusstwerdens fragt. Man kann aber auch dieser Untersuchung eine Fassung geben, welche die Bezüge verallgemeinert und bei der Vorfrage nach der Wirksamkeit der Heideggerschen Daseinsanalytik in der Sozialwissenschaft generell ansetzt. Ein interessanter Zugang zur Verbindung beider De-ontologisierungsansätze gelingt von dieser Vorfrage aus, indem klargemacht wird, wie sich die anfängliche Fragestellung verschiebt, wenn man sie ins Prinzipielle hebt.

Die Frage *de facto* nach einer solchen Wirksamkeit der Heideggerschen Daseinsanalytik stellt sich von vornherein als wenig ergiebig heraus. Die lange Reihe negativer Befunde[87] sollte jedoch nicht für sich da stehen. Das Fehlen der Nachwirkung braucht nicht einseitig auf Defizite des Werkes selbst schließen lassen. Es könnte hingegen zu einer Besinnung über die aktuelle Verfassung sozialwissenschaftlicher Theorie und Forschung bewegen. Die Frage würde dann lauten: wie müssen die wissenschaftlichen Selbstbeschreibungen der modernen Gesellschaft verfasst sein, um in einer charakteristischen Un-

---

87 Ich verweise auf Johannes Weiß 2001 und die angehängte Bibliographie.

empfänglichkeit gegenüber den in *Sein und Zeit* gebotenen, strukturbeschreibenden Analysen des Daseins zu verharren?[88]

Nochmals kann man die Anlage dieser anfänglichen Fragestellung vertiefend ändern. Während weiterhin eine Überschreitung des faktischen Horizonts von festgestellter Wirkung bzw. Wirkungslosigkeit angestrebt wird[89], wäre es interessant, die typisierende Fragestellung nicht mehr allein auf die Verfassung der soziologischen Theorie, sondern ebenfalls auf die Theoriegestalt zu beziehen, die uns in *Sein und Zeit* selbst entgegentritt. Die Frage, die sich im neuen Rahmen stellt, ist dann: Wie ist die Grundcharakteristik eines Werkes wie *Sein und Zeit* geartet, um sich naheliegenden Beanspruchungen durch die soziologischen Beschreibungen der modernen Gesellschaft zu entziehen? In anderer Wendung: Wie ist die prinzipiell-potenzielle Bedeutsamkeit der Daseinsanalytik für die Sozialwissenschaften einzuschätzen? Die wiederholt *geänderte Anlage* der Fragestellung *bezieht* also die *beiderseitigen*, einander sozusagen aversen, *Theoriegestalten* (der Sozialtheorie und der Daseinsanalytik) *in die prinzipielle Betrachtung* ein und fragt nach den Gründen ihrer Dissonanz.

Ein erheblicher Vorteil dieser Vorgehensweise ist dann gerade, die Dissonanz vor dem Hintergrund der Gemeinsamkeit der Orientierungsumstellung *von ontologischer Identität auf ereignishafte Differenz* sichtbar zu machen. Beiderseits ist nämlich eine axiale Bestrebung am Werke, das bisherige, alle epistemischen sowie lebensweltlichen Auffassungsweisen durchziehende Verständnis der Wirklichkeit zu de(kon)struieren. Das epochale Bewusstsein und die phänomenale, täglich gehandelte und erlebte Evidenz des Endes aller firmen, selbstidentischen Gegenständlichkeit ist der Boden, worauf Daseinsanalyse und Sozialwissenschaft am stärksten sowohl konvergieren als auch divergieren. Ich habe angedeutet, dass die *Konvergenz* sich mehr auf die *Ansätze* beider Theorien bezieht. Wir werden sehen, inwiefern die *Divergenz* mehr ihre *zentralen Anliegen* betrifft.

---

88 So würde ich den leitenden Gedanken einer seinen Ausgang in der Daseinsanalyse nehmenden „Kritik der soziologischen Vernunft", wie sie J. Weiß (a.a.O.) entworfen hat, nachzeichnen.

89 Die Frage nach den Gründen von faktischem Zustandekommen oder faktischem Ausbleiben von Wirkung muss nicht notgedrungen selber in den faktischen, bloß narrativen Umstandsermittlungen befangen bleiben. Sie kann sich durchaus auf die Ebene der Strukturgründe erheben. Sie muss aber dann implizit so etwas konstruieren wie die nachgezeichnete Problematik der konstitutiven Abgekehrtheit zweier Intellektionsansätze einander gegenüber.

In seinen Motiven sowie seinen Grenzen kann ein solches Zusammen- und Auseinanderlaufen nur durch eine typisierende, die jeweilige Theoriegestalt herausarbeitende Fragestellung aufgewiesen werden. Diese ist dann auch in der Lage, dank ihrer Distanz zum Faktischen und ihrer begrifflichen Elaboriertheit, Perspektiven auf das jeweils Andere und Überfordernde beider Entwürfe zu öffnen. Sie lässt sich in folgenden Schritten ausführen:

1. zunächst wird die Problematik einer philosophischen oder *apriorischen Anthropologie* bzw. Daseinslehre, wie sie in der Heideggerschen Daseinsanalytik entworfen wird, skizziert. Ein geeigneter Leitfaden dafür bietet die *Problematik der Invarianz* bzw. der Plastizität menschlich-sozialer Strukturen.
2. Dies führt zur Unterscheidung mehrerer Schichten in den analytischen Beschreibungen von *Sein und Zeit.* Die sozialwissenschaftlich problematischen Stücke sind solche, die einer *sich steigernden Plastizität* menschlicher Ordnungs- und Sinnbildung nicht standhalten. Hier erfolgt also der Aufweis der Richtung, aus der die *Daseinsanalyse der Differenzforderung unterliegt.*
3. Während differenzialistische Theorien in der Lage sind ein äußerstes Maß an Kontingenz und Variation zu integrieren – und damit beschleunigte und zentrale Institutionen mitreißende gesellschaftliche Evolutionen zu denken –, scheint die Daseinsanalytik *durch ihre Aprioristik beschränkt.* An dieser Stelle kann gezeigt werden, inwiefern soziale Differenz nicht der letzte Sinnhorizont ist, und dass darüber hinaus ein *Welthorizont* sichtbar wird, der den eigentlichen Sinnbereich der Heideggerschen Analytik darstellt, aus dem heraus das Soziale seine Differenzen konstituiert.

1. Daseinsanalyse und Sozialwissenschaft

Eine Klärung des De-ontologisierungsgedankens in der systemischen Gesellschaftstheorie war nötig, weil dieser Gedanke als Thema von Forschung und theoretischer Debatte noch wenig bearbeitet ist. Hingegen erübrigt sich eine vergleichbar gründliche Darstellung von Heideggers Ansatz. Unsere Aufmerksamkeit muss gleichwohl der Herausarbeitung der Theoriegestalt gelten, die sich aus einem solchen Ansatz ergibt. Als Leitfaden dient uns dabei die von Heidegger vorgenommene *Positionierung der Daseinsanalytik gegenüber* allen anderen *Wissenschaften vom Menschen.* Das Gewicht von *Aprioristik und Fundamentalsemantik* wird – als einer Art Re-ontologierungsfaktor – auf diese Weise sichtbar. Unschwer lässt sich dann eine Perspektive auf die Unterschreitung der in der neueren Sozialwissenschaft formulierten Differenzforderung freilegen.

Die gattungsmäßige Nähe von Heideggers Daseinsanalysen zur Lebensphilosophie und philosophischen Anthropologie seiner Zeit ist unbestritten[90]. Sie wird von Heidegger selbst thematisiert und als problematisch beschrieben. Das *Verhältnis von Geistes- und Humanwissenschaften zur Daseinsanalytik* hat Heidegger als Verhältnis zwischen unterschiedlich fundierten, wenn auch gelegentlich phänomenologisch stilisierten Theorien aufgefasst: Die Anthropologie biete eine Beschreibung der Phänomene, die einen fundamentalen Aspekt unangesprochen lasse, nämlich den Bezug auf einen in den Phänomenen immer mitgedeuteten Sinn von Sein. Heidegger verleiht diesem überall mitschwingenden Sinnentwurf Vorgängigkeits- und grundstrukturellen Charakter: Dieser Entwurf strukturiert alle auf ihm aufbauenden, den ganzen Phänomenbereich der Anthropologie ausmachenden Akte menschlicher Existenz. Diesem Verständnis zufolge bieten die Humanwissenschaften und die ihnen angegliederte philosophische Anthropologie eine existenzielle Beschreibung des Daseins, deren „existenziale" Strukturen sie nicht aufdecken können, sondern einer eigens sie herausarbeitenden Daseinsanalytik entleihen müssen[91]. Auch wenn diese Wissenschaften signifikante Durchbrüche in der Erkenntnis der existenziellen Phänomenschicht vollbringen – wenn sie z.B. psychologisch, soziologisch, sozialpsychologisch sehr fein und sehr tief in die Wirkungszusammenhänge der allgemein menschlichen Sinnkonstruktionen eindringen –, so heißt dies noch lange nicht, dass sie der Forderung einer Strukturerhellung des Daseins genügen. Dafür müssen nämlich für Heidegger „die Grundstrukturen des Daseins in expliziter Orientierung am Seinsproblem selbst" herausgearbeitet werden (*Sein und Zeit* 16). *Alle Vollzüge*, Prozesse, Verhaltungen, Seinsweisen, Zusammenhänge, Regel- oder Gesetzmäßigkeiten, die von diesen Humanwissenschaften thematisiert werden, ***müssen auf ihre „Seinsart" befragt werden***, so wie die *cogitatio-*

90 Hinweise in J. Weiß 2001.

91 So ist philosophische Anthropologie nur möglich auf einer „philosophisch zureichenden Basis" (*Sein und Zeit* 17) und fordert die „Abgrenzung der existenzialen Analytik gegen Anthropologie, Psychologie und Biologie" (ibid. 45).

nes des Descartes auf das *sum* hin, das sie trägt, erfragt werden müssen[92].

Die Unterscheidung einer Phänomenebene und einer Strukturebene, die Anzeige der letzteren als fundamental, die Verselbständigung einer Strukturhermeneutik der Existenz um die Frage nach dem, was Sein in jedem ihrer Vollzüge bedeutet, begründen die *Daseinsanalytik als apriorisch-philosophische Fundamentalontologie.* Die Abwehr jeglicher Vermengung mit der Anthropologie ist im Grunde eine Abwehr der Durchdringung der Phänomenologie der Existenz durch die metaphysische Ontologie, die alle Weltbereiche verdinglicht und unsere ganzen Seinsbezüge durchwaltet. Das *Projekt selbst einer Daseinsanalytik ist das einer De-ontologisierung*, weil das Ungenügen der klassischen Ontologie am Seienden, das die Seinsart des Daseins innehat, fundamental offenbart wird. Das daseinsgeartete Seiende ist das selbstdifferente, selbstunterschiedene Seiende schlechthin, das die dinglichen Strukturen des ontologischen Seins sprengt. Die *Eingebettetheit* der Anthropologie und *der Sozialwissenschaften in der Ontologie der dinglichen Identität verungültigt ihren Zugang zu ihrem Thema selbst.* Die sozialwissenschaftliche Beschreibung von Verhaltungen, Institutionen, Weltanschauungen etc. nimmt keinen Bezug auf die Seinsart dieser ihrer „Gegenstände" und verfehlt sie massiv.

Die Daseinsanalytik tritt als *Analytik der Selbst-Differenz* auf, die das Dasein ist. Das Dasein ist kein „Ding", kein vorgegebenes Etwas, sondern ein Vollzug des Selbstdifferiens oder des Durch-sich-selbst-angegangen-, Sich-selbst-nicht-indifferent-Seins. In diesem Sinne kann es nicht mit sich selbst identisch sein. Diese seine „Differenz" strukturiert es zu einem Gebilde von Strukturvollzügen, deren Quellformel die Zeit ist. Die Daseinsanalytik ist die Deduktion aller Differenz-Strukturen aus der Urstruktur der Zeit. Das *Ergebnis* ist die *Freilegung eines vor-anthropologischen*, allen konkreten Existenzphänomenen zugrundeliegenden *Strukturganzen.*

2. Vergleich der De-ontologisierungsprogramme

Wenn wir uns die Ausführung des De-ontologisierungsprogramms in *Sein und Zeit* ansehen und sie mit dem, was in der systemischen Sozi-

92 So fragt Heidegger nach dem „ontologische Sinn von ‚vollziehen'" (48), d.h. nach dem Sinn der Aktualität der existenziellen Akte (Aktvollzüge), die Gegenstand der verschiedenen Wissenschaften vom Menschen ausmachen.

alwissenschaft geschieht, vergleichen, so stellen wir zwei entgegengesetzte Verlaufsrichtungen fest. Die *Verdinglichung* wird *in den differenzialistischen Ansätzen durch eine Steigerung und nicht Minderung der reduktiven Vorgehen der Humanwissenschaften vermieden.* In der Daseinsanalytik wird dies dagegen durch ein Zurückschreiten hinter die von den Humanwissenschaften konstruierten Phänomene auf eine fundamentalstrukturelle Ebene ontologischer Differenz erreicht. Es geht auf der einen Seite um *Kreuzung und Häufung inkongruenter Standpunkte* zur Beobachtung dieser Phänomene, was einer Brechung des verdinglichenden Strahls durch die Entwicklung von unterschiedlich gerichteten Bündeln einseitig konstruierender Beobachtungen gleichkommt. Die *Auflösung der substanziellen Einheit der Substrate* (hypokeimena), wie z.B. actor, action etc. geschieht dann von alleine. Auf der andern Seite wird in der Daseinsanalytik eine Fundamentalontologie der Differenz entworfen, welche die Differenz strukturell auslegt und sie zu einem strikt zusammenhängenden Strukturganzen verfügt, das allen anthropologischen Ausformungen zugrundeliegt.

Dies könnten wir schematisch fassen durch die Charakterisierung zweier de-ontologisierter Auffassungen des Anthropos und seiner Gebilde:

a. Menschen, Gruppen, Gesellschaften, Institutionen etc. werden differenzialistisch-gesellschaftstheoretisch als *Selbstkonstrukte* oder Systeme verstanden, die durch inaugurale Unterscheidungen entstehen, in ihren Grenzen durch eine Vielfalt von Prozessen der Differenzreflexion erzeugt und erhalten werden. Sie sind nichts außer dieser Prozesse und werden durch keine Strukturen vorausdeterminiert, sondern entstehen ständig mit jeder Operation, die sie kondensiert, bestätigt, bekräftigt – oder aber infirmiert und abbaut.
b. Menschen, Gruppen, Gesellschaften, Institutionen etc. werden aus der Seinsart des ihnen zugrundeliegenden Seienden heraus verstanden, als daseiend, mitseiend, zeitlich, sterblich, manverfallen, freiheitsangerufen, geschichtlich geschickt. Das *Dasein* als Weltfuge, oder genauer als Vollzug von Welttranszendenz vollzieht seine Differenz als *nicht Adäquation zu sich* selbst im Sinne einer Spannung zwischen Anruf und Verfallensein an der Nicht-Entsprechung zum Anruf.

Schon an dieser Stelle wird ein *Gefälle in der De-ontologisierungsintensität* beider Ansätze sichtbar. Der apriorisch-strukturelle Ansatz stellt zwar die Differenz an den Anfang und verwehrt sich gegen jedes Zusammenfallen des Daseins mit sich selbst. Ein solches Zusammenfallen würde gerade eine stumpfe Selbstidentität des Daseins stiften, seine differenzielle Struktur sprengen und es einem Ding angleichen. Gleichwohl enthält dieser Ansatz ein *Postulat der Identitätsverwirklichung* des Daseins auf dem Ungrund der anfänglichen Differenz. Die Differenz wird als unstillbare Spannung zwischen innerem Anspruch und verfehltem Ent-spruch gedeutet, welche strukturell die Entschlossenheit einer Adhäsion zu sich selbst fordert. Es entfaltet sich ein ganzes Pathos des Bei-sich-seins als Verwirklichung des Selbst, wenn auch primär durch ein Aufgehen in der geschichtlichen Gemeinschaft, zu der man gehört. Die *Differenz* wird, wie in der deutschen Romantik letztlich, als Zerrissenheit verstanden und motiviert den Aufbau einer der Existenz Einheit und Durchstoßrichtung gebenden *Selbstadäquanzproblematik*. Wir sind damit sehr entfernt von einem Verständnis der Differenz, das sie als die protologische Vorgabe einer jeden These von Sein ansetzt.

Das Problem der Daseinsanalytik ist dann das einer *Apriorik*, die durch ihre Identität und Einheit stiftenden Forderungen an Qualität und Richtung des Daseinsvollzugs stark *re-ontologisierend wirkt*. Bei aller Absage an und aller Verhöhnung des Werte-Denkens, fällt die Existenzialdeduktion durch ihre schwere Haftung an den Entzweiungs- und Versöhnungsfiguren der alteuropäischen Tradition auf. Die Selbstidentität wird bejaht als daseinsstrukturelle Urforderung; sie wird postuliert als die differenzheilende, Spaltung und Entzweiung überwindende, Konsistenz restituierende, strukturelle Finalisierung der Existenz. Dies sticht umso mehr ins Auge, je näher man die daseinsanalytische Konzeption an einen Ansatz vergleichend heranbringt, der sozusagen durchweg de-ontologisiert ist und seine Wertedistanz durch eine differenzialistische (heterotopische)[93] Theorie der Selbstreferenzialität von Wertkonstruktionen sichert. Es stellt sich die Frage nach der Allgemeinheit der Existenziale und der daseinsanalytischen Beschreibungen. Es entstehen Zweifel an die Gültigkeit ihrer apriorischen Aussagen, welche sich als das sich selbst Aussprechen der Phänomene geben.

---

93 Heterotopie ist ein aus Foucaults Lehre von der Inkommensurabilität der Differenzen, Kulturen und Gemeinschaften hergeleiteter Begriff. Jede Wertkonstruktion hat ihre Maßstäbe in sich und verhält sich wie ein gesonderter Planet gegenüber anderen ebenso unvergleichlichen Wertkonstrukten.

Für einen *Luhmann* können die Phänomene von sich aus nichts sagen. Ein von sich aus in die Helle der phänomenologischen Klärung sich stellendes, selbstabrundendes und -aussprechendes, seine Sinnstruktur offenbarendes Phänomen gibt es nicht. Es gibt nur eine indefinite Reihe von kontingenten Unterscheidungen, die jeweils eine Vielfalt von Phänomenen sehen lassen und sonst nichts. Achtet man auf die Öffnung von Sichtbarkeit und die Gegebenheit von Sichtbarem durch grundlose Differenzsetzung – die als solche verborgen bleiben muss, solange sie dies Gesehene freigibt –, so kann man jeglicher Reessentialisierungsversuchung gründlich absagen. Es *schwindet* dann *die phänomenologische Analyseebene der Existenziale*. Die gründenden Strukturen, die das Dasein zu einer agonisch-pathetischen Gestalt bündelten, liefern die Matrix eines wesentlich und kräftig zentrierten Dramas. Man könnte in Bezug auf das *Heideggersche Dasein* folgerichtig von *„dramatischer Essenz“* reden und damit die widersprüchlichen Tendenzen der Heideggerschen Analytik hervorheben: einerseits die de-ontologisierenden Bestrebungen einer Destruktion der herkömmlichen Ding-ontologie durch die „Einschreinung“ der Differenz ins Herz des Seins; andererseits, die reontologisierende Strukturierung des Daseins um einen letzten Eigensinn[94] und seine letzte gesollte, dem Ganzen richtungweisende Verwirklichung.

3. Die Problematik der anthropologischen Invarianz

Diese Hypotheken, welche über die unbestreitbar ins Werk gesetzte Entdinglichung hinaus auf der Heideggerschen Ontologie weiterhin lasten, haben unmittelbaren Bezug zu einer zentralen Frage der sozialwissenschaftlichen Anthropologie. Es ist die Frage nach den anthropologischen Konstanten als den allen Gruppen und Kulturen gemeinsamen Hominisierungs- und Sozialisierungsmerkmalen. Wir müssen nach dem Status und der Gültigkeit der Aussagen der Daseinsanalytik fragen, die der Feststellung solcher *Konstanten* vorausgehen und ihnen eventuell zugrundeliegen. Ich skizziere im folgenden eine grobe Typisierung dieser Konstanten. Es sind in meinem Vorschlag *vier Schichten* von Invarianten zu unterscheiden:

94 Dieser Sinn ist nicht inhaltlich bestimmt, sondern einzig formal nach dem Kriterium der Selbstadäquanz.

a. die *apriorisch-phenomenologische*: darin geht es um die tiefste Schicht der leiblich-motorischen und primär kognitiven Strukturen des In-der-Welt-seins. Husserls und Merleau-Pontys Untersuchungen zur temporalen und ästhesiologischen Konstitution haben die wichtigsten unter ihnen herausgearbeitet.
b. die *phylobiologische*: sie umfasst Merkmale, deren Vorkommen unterschiedslos allanthropologisch ist wie Gehirn, Sprache, Hand, aufrechter Gang etc. Sie sind maßgeblich an den materiellen Sinnbildungen dahingehend beteiligt, dass sie die Konstitutionsmodi von Sinn grundlegend mitbestimmen – und nicht einzelne Sinninhalte oder Sinnkonstanten.
c. die *sozialanthropologische*: Bestimmte soziale Institutionen sind so gut wie in allen Kulturen anzutreffen: Inzestverbot, Reziprozität, Totenbehandlung – kristallisiert um die Großkomplexe Verwandtschaft und Religion. Diese Schicht stellt heikle Interpretationsprobleme, weil hier so etwas wie die Grundmatrix der Vergesellschaftung vorliegt. Man hat den Eindruck, den Finger auf den Ursprung der menschlichen Sozialität selbst zu legen, besitzt aber kein Kriterium der Deutung.
d. die *historisch-faktische*: diese Konstanten sind Evolutions- oder Diffusionsresultate. Ganze Kulturareale sind gekennzeichnet durch gemeinsame, dominante Institutionen, die sich allmählich verbreitet haben, um am Ende weltregionale oder gar planetarische Ausmaße anzunehmen. Dies ist das Paradigma der aposteriorischen Invarianten.

Welcher Art sind demgegenüber die *daseinsanalytischen Vorgängigkeiten*? Ihre Einstufung in die erste Schicht ist fraglich, weil die Existenziale von *Sein und Zeit* mehr sind als reine ästhesiologische oder temporale Sinnentwurfsstrukturen. Es kommt in diesem Zusammenhang die Frage nach deren *Kulturbedingtheit* auf: was ist das Kriterium der *Apriorität* solcher Strukturen und wie können sie gegen die wachsende *Plastizität* menschlicher Existenz und ihrer sozialen Institutionen garantiert werden? Viele grundlegende kulturaxiale Konstanten geraten mehr und mehr in Fluss. Ist es überhaupt noch sinnvoll, solche das Menschsein als solches ausmachende Strukturen anzusetzen? Eine differenzialistisch-evolutionistische Soziologie wie die Luhmannsche kommt in ihren Beschreibungen mit kontingentem Komplexitätsaufbau und nicht vorausbestimmbaren Bifurkationen vollends aus[95].

Auf den ersten Blick, scheint die *Daseinsanalytik* relativ *immun gegen* den *Einwand aus der Veränderlichkeit historischen Menschseins* in der Mannigfaltigkeit konkreter Kulturen. *Nach hinten* ist sie abgesichert durch Zeugnisse dieser Kulturen selbst, die alle eine *vorontologisch-gnomische Sage* von Angst und Sorge enthalten als den beständigsten Befindlichkeiten des Menschenlebens. *Nach vorne* ist sie abgesichert durch die Kritik an der Verdinglichung, durchgeführt als Destruktion von Ontologie zunächst, um später dann in eine am Nihilismus-Gedanken orientierte *Technikkritik* einzumünden. Schließlich wird sie prinzipiell von ihrer apriorischen Fundamentallage her jenseits jeglicher Bestimmung durch empirische Befunde gestellt. Gehen wir dieser dreifachen Absicherung der Apriorität nach und prüfen wir ihre Pertinenz.

Die daseinsanalytischen Beschreibungen von *Sein und Zeit* geben sich Rechenschaft über ihr Verhältnis zu den faktisch-historischen Selbstbeschreibungen der Existenz in allen gegebenen Kulturen. Sie verstehen die thematische Übereinstimmung der allermeisten dieser Selbstbeschreibungen mit der kardinalen Auslegungsrichtung von *Sein und Zeit* als Zeugnis von einem *vorontologischen Wissen um die Seinsart des Daseins*, welche erst von der de-ontologisierenden Seinsverfassungsbeschreibungen der Existenz in diesem Werk phänomenologisch freigelegt werden. Solche Selbstbeschreibungen oder Reflexionen der betreffenden Seinsverständnisse werden von einer sie umfangenden Seinsverständnistheorie aufgedeckt und auf einer sehr hohen Reflexionsebene einsichtig gemacht[96].

---

95 Dies widerspricht nicht dem Ansatz einer Art theoretisch-provisorischer Umgrenzung, welche das Menschsein als einen empirisch beobachtbaren Kernbestand von Merkmalen nachzeichnet. Dieser ergibt sich als Umriss dessen, was von allen Plastizitätssteigerungen verschont wird.

96 Selbst der Unterschied zwischen zweierlei Ebenen des Verständnisses kann mit dem Begriff des immer schon vorauslaufenden Vorverständnisses überwunden werden. So fungieren explizite Weisheiten als Selbstbeschreibungen des In-der-Welt-seins im Ganzen oder als Formen der Betrachtung des Ganzen auf seinen Sinn hin; während Motivweistümer als gnomische („formulaic"), thematisch begrenzte Betrachtung gewisser Großthemen wie Sexualität (als Lust und Gefahr), Gerechtigkeit (als suum cuique), Arbeit (als Mühsal), Erziehung als (Einprägung) zu gelten hat – oder auch als fortgesetzte Elaborierung an mythisch-bildlichen Motivassoziationen wie Brot-Stein, Gold-Kot, Herz-Schlüssel etc. Gesamtweistümer reflektieren die inaugural-entwerfenden Vorverständnisse des Seins, auf deren Grund sich dann die Motivweistümer sich entfalten können.

Die *Absicherung nach vorne* funktioniert wie eine immer schon gelingende Absage an die Möglichkeit eines Einbruchs des existentialen Bodens menschlichen Seins unter dem Druck von Neuerungen, welche die bisher bekannten Vollzugsmodi der Existenz durchsetzen. Soweit der Blick in die Menschengeschichte zurückreicht, begegnen uns jene Invarianten, die sich leicht auf ihre Gleichgerichtetheit mit der existenzialphilosophischen Auslegung deuten lassen. Die *Geschichte* hinter uns scheint *eine gewisse Inelastizität* aufzuweisen, die alle faktischen Kulturen um gemeinsame Grundmerkmale artikuliert. Die Vielfalt und die Disparität der kulturellen Formen erweisen sich als Variationen um dieselben Urthemen und Institutionen. Ihre Variation selbst weist ihrerseits, bei aller Verschiedenheit der Inhalte, gemeinsame Stile und Strukturen auf[97]. Wendet man hingegen die Blickrichtung um, so scheint diese Konstanz zum ersten Mal in der modernen und *spätmodernen Kultur* in Frage gestellt zu werden. Bestimmte technische, organisationelle und mentale Neuerungen stellen eine regelrechte *Antiquisierung aller* bisherigen *Konstanz der Welt- und Geschichtsform* dar. Wenn neue Technologien sich mit komplexen Organisationsformen paaren und sich an bisher für unvorstellbar gehaltene mentale Öffnung und Aufnahmefähigkeit für Kontingenz anlehnen, dann scheint so etwas wie ein Abheben von aller Geschichtlichkeit des Existierens zustandezukommen. Während alles geschichtliche Sein des Daseins den *eisernen Limitationen* unterworfen ist, die etwa Güter naturhaft knapp machen, biologische Zyklen und Prozesse als völlig heteronom walten lassen, Verständigungs- und Konsenschancen als alternativlos für jegliche Vergesellschaftung ansetzen, bringen die wissenschaftlich und technisch erschlossenen, fast unbegrenzten Verfügungen über Energie, Information und Organisation mit ihrem gesellschaftlichen Korrelat wandelsorientierter, dissensoffener mentaler Einstellungen einen *Bruch in die Weltkontinuität*[98].

---

97 Der Strukturalismus eines Lévi-Strauss steuert, aufgrund seines Ansatzes einer systematischen Rückführung der Motive auf Semanteme, die sich zu sinnhaften Urstrukturen zusammenfügen lassen, einen „Kantismus ohne transzendentales Subjekt" an – nach der bekannten Formel von Ricoeur. Siehe zu diesem Thema Frank 1983, S. 70 f.

98 In einem neuerlichen Kommentar zur Rezeption seiner Thesen über das „Ende der Geschichte" (Le Monde 17.6.1999) hält Francis Fukuyama eine kapitale Aktualisierung seiner Geschichtsbetrachtung für nötig. Während er, 10 Jahre nach Erscheinen seines umstrittenen Artikels, seine These eines Auslaufens der Ge-

Indem die spätmoderne Welt diese Geschichtseinheit und -form stiftenden Limitationen allmählich aufhebt, wird vielleicht ein Menschsein denkbar, das nunmehr wenig Gemeinsames mit dem hat, was ihm historisch vorausliegt. *Alteuropa*[99] wäre ein versunkener Kontinent, eine Stufe der Weltwahrnehmung und des Weltverhältnisses, die von der *Evolution* zugunsten neuartiger und komplexer, ebenso kontingenter und unwahrscheinlicher Stabilisierungen verlassen wurde. Wäre unter diesen Annahmen ein Menschsein vorstellbar, das gerade dem beständigsten aller Formpostulate der „Geschichtswelt", nämlich dem von Sinn- und Wertkonsistenz, absagen könnte? Die „Prosopographie" der *Postmoderne* zeigt uns gerade ein hedonistisches, fluktuierendes, glattes und gleitendes Wesen, das durch seine durchurbanisierten und durchservicierten Landschaften so wie durch seine virtuellen elektronischen Umwelten ohne Mühe, ohne Reibung rollt oder surft[100]. Wenn dies ihm so gut gelingt, dann ist es nur, weil so viel Unbeschwerlichkeit und so viel aisance durch eine gründliche *Entbündelung seiner Erlebens- und Denklinien* gewonnen worden sind. Nötig ist dafür ein Abbau der dem Erleben innewohnenden, all seine Sequenzen und Inhalte nach einer Ökonomie der Einheit- und

---

schichte (im Hegel-Marxschen Sinne) in einer Gesellschaftsform, die liberale Demokratie und Marktwirtschaft vereinigt, für bestätigt hält, glaubt er nun ein neues Ende verkünden zu müssen: nicht nur die Geschichte gehe zu Ende, sondern der Mensch (oder das Menschsein) auch. Die Naturwissenschaften stünden vor einem gewaltigen Entdeckungsschub, der die uns vertraute Gestalt des Menschen verändern würden. Wahrscheinlich denkt Fukuyama an den „bionic man", der – in unserer Begrifflichkeit – weitere Limitationen geschichtlicher Existenz aufheben würde. Ein Mensch, der anders sehen, hören, laufen, der seine Lebenswelt ganz anders, vielfach stärker beherrschen würde, würde die Matrix der anthropologischen Invarianten sprengen und die geschichtliche Existenzform gründlich antiquisieren. Dieser veränderte Gesichtspunkt von Fukuyama gibt eine interessante Bestätigung unseres Ansatzes bei der Frage nach der Invarianz der Existenzform zur Prüfung der sozialwissenschaftlichen Instruktivität einer apriorischen Daseinsanalytik.

99 Alteuropa steht hier für alle historischen Hochkulturen, die durchwegs Wertabschluss-Problematiken – im Sinne Luhmanns – entwickeln, d.h. eine Ordnung von Semantik und Gesellschaft voraussetzen, die Konsistenz und Einheit beider durch transitive Ober- und Unterordnung (Hierarchie) von Eidē und Gruppen garantiert. Sinn und Gesellschaft erscheinen dann als vollständige, von Höchst- oder Abschlusswerten – wie Gerechtigkeit, Wahrheit, Schönheit etc. – her intern geordnete Sphären.

100 Einfühlsame qualitative Beschreibungen dieser Phänomene bietet vor allem die französische Soziologie eines Baudrillard oder eines Augé. Eine ausführliche Synthese dieser Epochenskizzen findet sich, mit den nötigen bibliographischen Hinweisen, bei Haesler 1995.

Selbstheit-bildung und -stärkung immanent normierenden Grundtendenz. Diese Tendenz mag mit dem Aufkommen des christlichen Gewissens (syneidesis) eingeleitet worden sein; sie feiert auf alle Fälle zwischen Pascal und Simmel die Höhepunkte, die einen unüberbietbaren *Ernst des Lebens* stiften und ihn ganz brisant im einen auf sich selbst gestellten, selbstverantworteten Individuum sammeln. Die Semantik der „sincérité"[101], des Selbstzwecks[102], der höheren Individualität (als Verwirklichung höherer Kultur)[103], schließlich die Semantik der Eigentlichkeit zeugen von der immer stärkeren, stets impliziten Normierung der Existenz durch die *Forderung der Selbst-Sammlung*. Das Selbstsein ist weder ontologisch-dinglich noch transzendental-apriorisch garantiert. Das Selbst muss unausgesetzt um seine eigene Wahrheit gesammelt werden. Es muss gewonnen werden durch die Ernstnahme der Existenz. Das Existieren muss eigens aufgenommen werden; es verfällt an die Un-selbstheit des „Man" und verliert sich, wenn der Ernst seiner Lage durch Vorlauf an ihr Ende und steten Ein-bildung ihrer Hanglosigkeit nicht wahrgenommen wird. Die Existenz ergießt sich, wenn ihr der Entschluss zum Selbstsein fehlt, wie ein zerbrochener Krug in die Ungesammeltheit.

Das *Dasein* wird demzufolge *immanent normiert*. Alle weitere Normierung durch geläufige Moral oder Recht klärt sich von diesen ihren existenzialen Wurzeln her. Von sich aus erlegt das Dasein jedem Daseienden eine Aufgabe des höchsten Ernstes auf. Das Sich-nicht-halten-Können in der Entsprechung zu diesem inneren Ruf zum Selbstvollzug heißt ein Abgleiten in ein verkehrtes Verhältnis zu sich selbst. Dies äußert sich in einer Trübung des Selbstgefühls, die *Schuld*(gefühl) heißt. All dies: Eins- und Selbstsein, Sammlung, Ernst und Schuld, ist das, was es in der existenziellen Verfassung der Spätmoderne nicht gibt – oder genauer, was in ihr abgebaut wird. Die oben angesprochene Entbündelung des Erlebens entspricht einer, in der selben Tiefenlage der anvisierten Existenzialanalysen erfolgenden, *De-kulpabilisierung* des Daseins. Es ist ein Sich-frei-machen von aller vorgängigen, anfänglich auf dem Dasein lastenden Schuld.

---

101 Untersucht von Luhmann 1990. Die reichsten Fundstellen bieten die französischen Moralisten des 17. Jh. sowie der französische Roman des 18. Jh.

102 Wie sie sich bei Kant (am weitesten in den Pflichten gegen sich selbst), Fichte (in der apriorischen Konstruktion der Erziehung), Hegel (in der Dialektik der Herrschaft/Knechtschaft) findet.

103 Am entschiedensten von Simmel vertreten.

Durch *Ablegen der Forderung nach Selbstung* wird eine spezifische Leichtigkeit des Selbstvollzugs entlang einer Anzahl von freizügig ergriffenen Differenzen erlangt. Die Differenz und die Multiplizität darf dann ausgelebt werden. Sie muss und soll nicht durch entschlossene Adhäsion zum inneren Gesetz des je eigenen Daseins überbrückt werden. Die *Hingabe an die Stimulation durch Welt* und „Happening" von Welt schafft den nötigen Reiz, der das Leben in einer hinreichenden „Tonizität" erhält. Giddens spricht diesbezüglich von einem Verlust des Existenzernstes, der sich auch in einer politischen Demission der bürgerlichen Öffentlichkeiten niederschlägt[104].

In der Annahme, dieser Stil der Charakterisierung dessen, was kulturell und existenziell unsere Spätmoderne ausmacht, sei richtig, ergibt sich dann nicht eine Art Falsifizierung der Heideggerschen Daseinsanalytik durch die blanke faktische Gegebenheit eines Daseins, das aller als apriorisch-existenzial ausgewiesenen Fassungen und Limitationen enthoben ist? Gegen eine solche *Infragestellung der Daseinsanalyse durch Variation der Zukunft* kann sich diese Analyse wehren, indem sie zeigt, dass der Zuwachs an Leichtigkeit des Existierens mit einer Zunahme der *Störung der psychischen Systeme*, die im Umfeld der diese Leichtigkeit produzierenden, hyperkomplexen Weltgesellschaft leben (müssen). Darauf kann jedoch aus spätmoderner Perspektive geantwortet werden, dass diese starke Beanspruchung des Individuums (als psychisches System) einem Lernprozess des Auslebens von Differenz gleichkommt, der teilweise einem Entlernen der traditionellen Selbstung entspricht[105]; vor allem kann geltend gemacht werden, dass die Gesellschaft für die Erweiterung ihrer Differenzvollzugsmargen *Subsysteme* schafft, *die sich funktional um diese Lernprozesse artikulieren*, so z.B. ein psychotherapeutisches Subsystem, das darauf spezialisiert ist, die Lebensfähigkeit der psychischen Systeme bei ihrer Einfügung in eine polykontexturalisierte Gesellschaftlichkeit zu stärken.

Die Daseinsanalytik muss ihrerseits die reine Möglichkeit eines faktischen Abfalls von ihrem existenzial-apriorischen Rahmen ver-

---

104 S. Giddens 1991, S. 155ff. Zum Niedergang des politischen Engagements der spätmodernen Gesellschaften , s. ders. 1994, insbes. S. 106f.

105 Zu einem anderen Teil ist es ein Erlernen der positiven Gratifikationen der Differenz, nachdem die Harmlosigkeit des transgressiven Umgangs mit den bestehenden Imperativen erprobt worden und die Stimulation durch deren bloß provokative Missachtung abgeblasst ist.

werfen. Sie tut es, indem sie *zwei*erlei *Argumente* bemüht: einerseits wird die Figur des *reflexiven Verlusts*, wie ich sagen würde, neu aufgelegt; andererseits wird eine onto-logische Wurzelung aller gesellschaftlichen Funktionalität in der *Seinsvergessenheits*figur der Technik konstruiert.

Zum einen, wird also klar gemacht, dass der Verlust eines Vermögens zu etwas den Verlust des Vermögens zum Wahrhaben dieses Verlustes selbst beinhaltet. Mit dem Verlust des Verlorenen geht das Gespür des Verlustes selbst verloren. Fichte hat in einer geschichtsphilosophischen Betrachtung ähnlich argumentiert und klargemacht, dass im Falle eines Verlustes der Vernunft im Geschichtsablauf die historischen Wesen, die wir sind, nicht mehr über das Vermögen verfügen würden, das die Vernunft als solche erkennen oder wiedererkennen könnte – denn nur die Vernunft kann Vernünftiges erkennen. Man kann dann selbst, wenn die Vernunft uns über den Weg laufen würde, sie nicht mehr als solche wiedererkennen und ihrer teilhaftig werden. Ähnlich argumentiert Heidegger, wenn er seiner Konzeption der Seynsgeschichte eine entschieden „geschickliche" – oder wenn man will, destinentielle – Wendung gibt, und meint nicht vom Menschen, sondern *allein vom Sein* (einem Gott) her sei *ein Wiedereinlass in die anfängliche Homologie* von Mensch und Sein (eine Rettung) zu erhoffen und zu erwarten.

Zum anderen, interpretiert Heidegger die *Dynamik moderner* gesellschaftlicher *Kommunikation* als eine vom Grundgestus des Machens (Gestell) und der *Grundintention der Beherrschung* (Wille zur Macht) gezeichnete Figur des Abfalls von der anfänglich-stimmigen Haltung der Ent-sprechung zu einem von sich aus aufgehenden Sein. Insofern können ihn sämtliche Vorkehrungen und Betriebe, die eine solche Gesellschaft zur Erweiterung ihrer Margen und zur Kontrolle der Effekte solcher Erweiterung bereitstellt, nicht interessieren. Wenn sie gelingen, sind sie eine Bestätigung dessen, wofür sie stehen; wenn sie ihr Funktionsziel verfehlen, weisen sie auf die Realität des radikalen Scheiterns der Existenz im Nihilismus als einem verkehrten Verhältnisses zum Grund der Existenz hin. Das Scheitern ist dann aber nicht nur – obwohl vornehmlich – das des jeweiligen Daseins, sondern kann bisweilen universalgeschichtliche, – im etymologischen Sinne – „apokalyptische" Gestalt annehmen. Während heute das Leid und das Scheitern individueller psychischer Systeme sich gegen den Hintergrund einer immer besser betriebenen, hyperperformanten, die meisten geschichtlichen Limitationen aufhebenden sozialen Kommunikation abbilden und dadurch eine *Sonderung* – oder gar *Kopplung?* – *von Indivual(miss)geschick und Gesellschafts(wohl)geschick* vollbringen, kam es in unserem Jahrhundert mehr als einmal zu einer Art symbolischer Figuration all des gestauten Missgeschicks in Schrecken planetarischen Ausmaßes.

Meine These ist jedoch nicht, am Schluss der Darstellung dieser Kritik der Daseinsanalyse, die in der Anzeige der faktischen Verwirklichung eines ihren apriorischen Annahmen widersprechenden Menschentums bestand, dass ein Menschsein denkbar wäre ohne „Angang" durch (den „Aufgang" von) Welt, ohne die Mühe oder die Sorge – ein leid-, tod- und angststumpfes Existieren. Wir werden sehen, dass gerade die *Unverwischbarkeit des Weltproblems* die spätmoderne soziale Kommunikation mitstrukturiert; dass Systeme wie Kunst und Religion gerade aus der Unantiquisierbarkeit des Weltproblems leben und dass alle anderen Systeme auf einen unaufhörlichen Aufbau von Komplexität angewiesen sind, um die an ihrem Grund und in jeder ihrer Operationen präsenten Paradoxie zu prozessieren. Die aufgebaute Komplexität und die Paradoxität gehen direkt in das Weltproblem als Verweisungen auf die Notwendigkeit einer Einheit ein, darin alle Relationierungen und Differenzierungen aufgehen, die aber in den Grenzen der sozialen Welt nicht zu erlangen ist. So entsteht der paradoxe *Gedanke einer die soziale Welt* (allen kommunizierbaren Sinnes) *als Letzthorizont umfangenden Welt* (allen kommunizierbaren und nicht-kommunizierbaren Sinnes oder Nicht-Sinnes). Dies lässt Grenzen der Forderung nach vielfältig oder freizügig (polykontextuell) geschaffener Differenz ahnen.

4. Daseinsanalysen und die Grenzen der Differenzforderung

4.1 Die Unterscheidung zweier existenzialer Schichten: Erschlossenheit, Entschlossenheit

Bisher ging es uns um die Frage nach der Antiquisierbarkeit der Daseinsanalytik durch zukünftige (d.h. nicht von der Geschichte her kommende) Variation der Gesellschaftlichkeit. Diese Frage kann auch so formuliert werden: Hat diese Variation nicht Wege eingeschlagen, hin auf eine *Überantwortung der zentralen existenzialen Tatbestände* (Knappheit, Krankheit, Angst etc.) *an gesellschaftliche Funktions-*

systeme, die ihre Massivität durch vielfältige Differenzen und Differenzierungen gebrochen haben? Diese Brechung hat sie dann in die Operativität von Kommunikationssystemen eingefügt, die sie im Kleinen der jeweiligen sinn- und optionstiftenden Differenzen prozessieren. Die Überantwortung etwa von Krankheit an ein gesellschaftliches Kommunikations- und Leistungssystem (das medizinische) *sprengt ihre existenziale Dichte*, die in den vorontologisch-gnomischen Zeugnissen noch so stark lebt. Sie zersplittert sie in eine Reihe von Dimensionen (somatisch, psychisch, arbeitsphysiologisch, sozialpathologisch etc.) und macht sie weitestgehend, bis an ihr Ende in der Heilung oder im Tod, prozessierbar. Solange sie derart systemisch überantwortbar ist, muss sie, um ihre existenziale Dichte wieder aufkommen zu lassen, einen eigens gewollten, wenn auch nur mentalen Entzug aus den dividierenden Zusammenhängen der Differenz vollbringen. Sie erfordert einen gesinnungshaften, wenn auch nicht durchgeführten Ausstieg aus der Überantwortung an Systeme. Die *Richtung auf Existenzialität* im Sinn der – um die immanenten Eigenforderungen von Eigentlichkeit und Entschlossenheit artikulierten – Daseinsanalyse *muss* hinter die an sich stets gelingende Differenzierung und Fremdüberantwortung zurückgehen und den *existenziellen Ernst* (oder Dichte) *neu produzieren*. Während der Boden für diesen Ernst und diese Dichte bisher noch vorausgesetzt werden konnte, muss er hier durch eigens projizierten, reflektierten Entzug des Individuums aus der laufenden Prozessierung der gesellschaftlichen Kommunikation hergestellt werden.

Das Fazit ist wiederum, dass die Solidarität der apriorischen *Daseinsanalytik* mit den geschichtlichen Selbstdeutungen unterschiedlicher Kulturen[106] die sozialwissenschaftliche Bedeutung dieser Analytik schwächt[107]. Sie scheint in der Tat eine traditionelle Normierung der Existenz zu übernehmen und zu apriorisieren. Sie bleibt insofern,

---

106 Die von ihr konstanzbetonend gedeutet werden.

107 Wir neigen vielleicht viel zu sehr dazu, die geschichtliche Konstanz bestimmter Grundvorstellungen zu unterstreichen. Luhmanns radikale Orientierung an Differenz, die in eine Selbstreferenzialisierung der Differenz mündet, ermöglicht das Festhalten einer Differenz wie die von Bewusstsein (psychischem System) und Kommunikation (sozialem System) und ihr Durchspielen zur Ergründung von kulturell anders gelagerten Konstruktionen von Selbst und Wir. Ein eingehender Beitrag zu dieser Problematik der kulturellen Unterschiede trotz anscheinender geschichtlicher Konstanz sind die Analysen Peter Fuchs' zu sozialer Kommunikation in der japanischen Kultur (Fuchs 1995).

und entgegen ihrem eigenen Projekt, „*weltanschaulich*" *determiniert*. Anstelle eines echten Apriori der Existenz, und folglich der sozialen und kulturellen Modi der Existenz (des Mitseins), bietet sie nichts anderes als die „Einschreinung" einer partikularen – wenn auch geschichtlich in den Hochkulturen weit verbreiteten – Weltanschauung in ein geschlossenes Apriori der Existenz.

Die Frage, die sich hier ergibt, wäre die nach der *Möglichkeit eines Apriori der Kultur* und der Sozialität schlechthin. Gibt es Urkategorien des Daseins, die sich als solche der Kultur und der gemeinschaftlichen Existenz aus einem Apriori des Menschseins ausfalten lassen? Macht es Sinn, nach einem solchen Apriori zu suchen? Die Problematik eines solchen Apriori scheint die einer ihm immanenten Grundtendenz nach Vereinung und Sammlung der ihm entspringenden weltlichen Vielfalt in einen Grund. Ob an der Einheit der Selbstbezüglichkeit orientiert wie in der Bewusstseinsphilosophie von Descartes bis Kant[108] oder an der Differenz dieser Selbstbezüglichkeit wie bei Fichte, Hegel und Heidegger[109], *das Apriori bleibt*, wenn man so will, „*unterparadoxisch*": es verwischt die Differenz als eine kontingente und durch viele andere ersetzbare und variierbare.

Dies hatten wir schon geahnt, wenn auch aus einem anderen Blickwinkel, als wir die De-ontologisierungsprojekte Heideggers und Luhmanns verglichen haben. Meine These ist nun darüber hinaus, dass man in der Heideggerschen Daseinsanalytik eine Unterscheidung vornehmen muss, die sich im Hinblick auf die Aprioritätsproblematik von grundlegender Bedeutung erweisen könnte. Unsere Kritik an der Partikularität des vordeutenden Entwurfs der Daseinsanalytik entzündet sich letztlich immer an den immanenten Normierungen des Daseinsverständnisses, die wir gegen eine sich aus den gegenwärtigen Tendenzen der sozialen Kommunikation ergebende sammlungsenthobene Form des Daseins halten. Weich erweisen sich also die besonderen Analysen, die aus der geschichtlichen Konstanz des Ernstes des Existierens eine Norm der Selbstung folgern. Aller die existenziale De-ontologisierung überbietenden differenzialistischen Kritik könnten hingegen die Phänomene der Selbstgegebenheit standhalten, die jener Schicht der Analytik vorangehen –

108 Bei denen von der Identität von Bewusstsein und Bewusstseinsinhalt (im einigselbigen Akt der Reflexion) ausgegangen wird.

109 Die nicht mehr als Prämisse, sondern als Resultat von Erziehung, Kampf, Entschlossenheit erscheint.

vorausgesetzt diese Schicht wird tief genug angesetzt. Die *Unterscheidung*, die ich vorschlage, ergibt sich daher als eine zwischen *zweierlei Schichten von Phänomenen und Analysen*:

- Es sind zunächst die Phänomene der *Befindlichkeit als Sich-selbstvorkommen* in einer durch eine erschließende Urmotorik eingeräumten Welt. Diese Phänomene werden freigelegt und beschrieben von einer Analytik, die wir die *Erschlossenheitsanalytik* nennen wollen.
- Es sind dann die Phänomene der *aktivisch-selbstenden Haltungen* und ihrer ethischen Dramatik: Man, Anruf, Schuld, Entschlossenheit, Eigentlichkeit. Die hierfür berufene Analytik nennen wir die *Entschlossenheitsanalytik*.

Heideggers Daseinsanalyse oszilliert zwischen diesen beiden phänomenologischen Polen. Unser Vorgehen wird nun darauf abzielen, diese Pole gegeneinander zu markieren. Wir gehen von der Hypothese einer maximalen *Generalität der ersten Schicht* aus, die sich aber in eine Armut ihrer Inhalte im Hinblick auf eine Klärung der Grundlagen der Gesellung (i.e. des Mitseins) niederschlägt. Die Spezifizierung dieser Inhalte durch die *Entschlossenheitsanalytik* zeigt jedoch die Gefahren einer *weltanschaulichen Aufladung der Analyse*. Ein Vergleich mit einer analogen Axialisierung von ursprünglichen Motiven der Sozialität in der französischen soziologischen Tradition unterstreicht diese Gefahren. Von da aus bahnt sich der Weg zu einer neuen Beanspruchung des *ersten Pols* und die Aufzeigung seines *Reichtums* an grundlegenden gesellschaftstheoretischen Einsichten.

Das soziologische Interesse an der Daseinsanalytik tendiert dazu, sich eher an die Phänomenschichten zu richten, die so etwas wie eine kommunikative Dimension aufweisen: die Zweideutigkeit, das Man, die Geschichtlichkeit etc. Der Welteinlass durch die selbstaffizierende, stimmungshafte Erschlossenheit eines einräumenden Horizontes, in den das Dasein eingesetzt oder geworfen wird, erscheint als eine Urleistung, die Welt eröffnet. Die Art, wie dann das Dasein sich in ihr einrichtet, wie es sein Existieren deutet und vollzieht, wird nicht präjudiziert durch jene anfängliche Erschlossenheit. Hingegen scheint die Konstruktion der *existenzialen Figuren der Man-Verfallenheit, der Schuld, des Anrufs* des je eigenen geschichtlichen Geschicks mehr zu liefern für eine Philosophie oder Theorie des Sozialen. Das Problem jedoch, worauf wir immer wieder hinweisen müssen, ist, dass diese reichere Inhaltlichkeit mit einer unzulässigen *Apriorisierung einer kulturell partikulären Selbstdeutung des Daseins* bezahlt wird. Die Art, wie sich Hans Jonas' Darstellung der antiken Gnosis zwang- und tadellos in den hermeneutischen Rahmen der Existenzphilosophie eingefügt hat, zeugt gerade von der äußerst starken Affinität zwischen den Figuren aus der Aprioristik der Existenz und den partikulären des spätjüdischen, frühchristlichen und allgemein religiös-hellenistischen Weltsinnentwurfs[110]. Es liegt dann nahe zu fragen, ob da nicht eine zu schwere Anlehnung an besondere Schuldkulturen vorliegt.

Noch voraussetzungsreicher ist die Deutung der Selbstüberantwortetheit des Daseins im Sinne der *Entschlossenheit*. Denn hierin kommen zwei Motive zum Tragen, die eine noch engere kulturelle Geltung haben: zum einen das *agonale Motiv* der Selbstbehauptung und zum anderen das destinentielle Motiv der Offenheit des Selbstbehauptungskampfes im Raume einer Geschichte, deren hartes Gesetz – des Obsiegens des Kampfentschlossensten – weder durch providentielle noch humane Maßstäbe gelindert wird[111]. Beiden zum Grunde liegt ein *Paradigma der Selbstheit* als ein zu erringendes Zusichkommen. Durch Absetzung von allem, was nicht Selbst ist, und willentlich-tatkräftige Einkehr ins Selbst wird die Adhäsion zu sich selbst verwirklicht. Insgesamt liegt eine Bewegung der stets zu erneuernden Selbstzentrierung vor, welche ein ständiges Sich-losreißen von einem habituellen Zustand des sittenhaften Seins-bei-den-anderen bedingt. Dies gerade ist *vielen historischen* – vor allem fernöstlichen – *Kulturen fremd*[112].

4.2 Affektuelle Urerschlossenheit als Aufgang von Welt und die Frage nach dem Ursprung der Sozialität

Dies ist Anlass, die erste Hypothese zu revidieren. Ist die *existenziale Erschlossenheitsschicht* wirklich so arm, dass nichts über die soziale Bedeutung der Grundgesten der Einräumung und Zeitigung gesagt

---

110 Jonas 1934 – 1954.

111 Dies ist eine Deutung, die *Sein und Zeit* überspannt und in die Richtung der Heideggerschen Interpretationen von Hölderlins Hymnen weist. Die agonale, fatum bejahende Geschichts- und Situationsauffassung ist im Deutschland der ersten Hälfte des 20. Jahrhunderts keine Eigenheit der Philosophie Heideggers. Dieser teilt sie mit einer langen Reihe von prominenten Denkern wie Spengler, Weber und Scheler.

112 Ich weise hier auf Heinrich Zimmers (1978) Arbeiten über den indischen Mythos sowie nochmals auf P. Fuchs' Studie über „japanische Kommunikation" (in Fuchs 1995).

werden kann? Kann diese Analytik, in der Ergründung der Sozialität, etwas mehr bieten als die Deduktion des Mit-seins als immer schon vorausgesetzt durch Da-sein? Da, wo dies versucht wird, wie z.B. bei der Deutung der Fürsorge, erfolgt eine Überschreitung der formalen Anzeige der Gestalt, in die alle Beziehungen zwischen Ego und Alter eingehen müssen. Denkbar wäre eine Dehnung dieser Deutung in Richtung auf eine apriorische Normativität der Reziprozität (Gabe und Gegengabe). Die *Tendenz* wird dann regelmäßig sein, *von der Grundgestik der Welteröffnung auf den Grundsinn der Gesellung zu stoßen*. Heidegger versucht es einmal. Bevor wir diesen Versuch besprechen, ist es lehrreich, einen Blick auf die von einer solchen Folgerungsart angeregten Probleme zu werfen.

Die *Gefahr*, die mit der Bejahung solcher Tendenzen zusammenhängt, kann leicht erkannt werden. In der Durkheimschen Tradition tritt sie offen zutage: sie führt, über die Ansetzung des Begriffs eines „fait social total", zur *Konstruktion einer sachlichen Priorität von diachronisch frühen* oder primitiven *Stufen*[113]. So wird ein ethnographisch beschriebenes Institut wie das *Potlatch* als Paradigma des „lien social" kanonisiert und die Sozialität in der Gegenseitigkeit der Gratifikation gegründet[114]. Eine weitere Gefahr liegt in der *Fundamentalisierung von sozialpsychologischen Allgemeinbegriffen*, Gesetzmäßigkeiten oder Erstevidenzen. Einer solchen Figur entspräche die Ansetzung eines Zentralmechanismus an den Grund der Gesellung, wie z.B. der „imitation" bei Tarde. Im Vergleich mit dem zuvor gekennzeichneten Phänomen kommt es hier auf die direkte Beobachtung des phänomenalen „zunächst und zumeist" an, ohne Methodik jedoch der Rekonstruktion einer tragenden Schicht, die dieses „zunächst und zumeist" in seinem Sinn ableitbar macht. Es ist dies ein unscheinbarer Übergang von der beobachtenden Moralistik zur Soziologie.

---

113 Rechnet man die Unsicherheit der Ergründung historisch oder ethnologisch schwer fassbarer Ursprünge hinzu, so erscheint ein solcher Ansatz als vorwiegend spekulativ.

114 Eine ähnliche Tendenz existiert bei einem Giddens (1991), der die ontologische Sicherheit und existenziale Angst (anxiety) zur Achse der Bildung des „self" macht. Giddens vermeidet jedoch die volle Apriorisierung seiner sozialpsychologischen Annahmen. Obwohl seine Beschreibungen sozialer Zusammenhänge sich stark an diese Annahmen anlehnen, werden sie nicht regelrecht daraus abgeleitet. Das Ganze behält einen betont deskriptiven Charakter. Trotz der Leichtigkeit des theoretischen Aufbaus prädeterminiert die Orientierung an Unsicherheit und Angst eine Lektüre des Sozialen, die ihm ein gewisse Verantwortung für die Schaffung von sozialen Strukturen zumutet, die einem solchen self gerecht sind.

Der Versuch Heideggers in *Sein und Zeit*, unterhalb der *Entschlossenheitsebene* und ihrer Problematik des geschick-geschichtlichen Wir eine sinnhaltige Deutung des Mit-seins zu liefern, liegt anders als die gerade besprochenen Konstruktionen. Sie liegt vor allem *tiefer*. Kein soziologischer Ansatz dringt so tief in die Quellen der Affektion, weil keiner sich auf der Ursprünglichkeitsstufe der Daseinsanalytik bewegt. Innerhalb dieser Analytik erscheint uns die Erschlossenheitsthematik als die „früheste" oder ursprünglichste. Sie stellt so etwas wie eine Protoanalytik der Protoexistenzialität dar. Meine These ist daher, dass diese Analytik der Welt- und Selbstaffektion die allein wahrhaft allgemeine oder apriorische ist, und dass sie deswegen besonders aufmerksam auf ihre eventuelle gesellschaftliche Dimension befragt werden muss.

Wir werden jedoch feststellen, dass *sich diese Analytik* den reontologisiemeden Tendenzen *der Aprioristik erst entzieht*, wenn sie tiefer als das Soziale angelegt wird. Die Erschlossenheitsanalytik der Protoexistenz liefert den Schlüssel zur Problematik einer die soziale Welt des Sinnes umspannenden Welt des sinnhaft nicht Artikulierbaren erst, *wenn sie die infrasoziale Befindlichkeit als Emergenzgrund der Gesellung anzuzeigen vermag*. Zwar ist die Thematisierung der Erschlossenheit eine soziologisch allgemeinere und in diesem Sinne ursprünglichere als die der Entschlossenheit; doch der Drang zum Ursprung des Sozialen in einer stiftenden öffentlichen Affiziertheit ist verfrüht. Zwar überbietet Heideggers Ansatz alle soziogenetischen Ansätze an Ursprünglichkeit und ermöglicht eine interessante Klärung ihrer affektsoziologischen Grundlagen; er muss aber in eine Richtung fortgesetzt werden, die sozusagen hinter den Ursprung führt.

Heidegger siedelt überraschenderweise die Ausführung einer solchen „ontologischen Interpretation des Affektiven" (139), außerhalb der Daseinsanalytik im Bereich der philosophischen Anthropologie[115] an. Er bringt sie mit der Rhetorik des Aristoteles in Verbindung und meint, sie habe seitdem kaum Fortschritte gemacht. Diese Rhetorik stellt in seinen Augen „die erste systematische Hermeneutik der Alltäglichkeit des Miteinanderseins" (138) dar. Die Machbarkeit von öffentlicher Stimmung gründet in der Gestimmtheit des Daseins

115 Heidegger geht von der Notwendigkeit einer Ergänzung der Daseinsanalytik „im Hinblick auf eine geschlossene Ausarbeitung des existenzialen Apriori der philosophischen Anthropologie" aus (131). Es sind Forschungsaufgaben, welche die Phänomenbeschreibungen „in die Breite" (131) weiterführen sollten.

als seiner Welt- und Selbstaffiziertheit; diese Gestimmtheit variiert mit der Gemeinsamkeit der Affektion. Das Teilhaben vieler an einem Affekt scheint das Miteinandersein laufend oder alltäglich zu nähren. Die *Gesellung gründet in* diesen *öffentlich-affektiven Strukturen*.

Dies erinnert stark an soziogenetische Thesen wie die *Durkheims* oder *Girards*[116]. Die Gestimmtheit des Daseins wäre alltäglich determiniert durch gemeinschaftliche Affekte, die den Raum der Gesellung nach innen durch emphatische Bejahung des Nomischen substanziieren, und nach außen durch abhorreszierende Verwerfung des Anomischen abriegeln. Die *Gesellung* ist *affektuell genährt und bewehrt.* Sie hat ihren Bestand *von der Affektion der Welterschließung her* sowie der Hegung des Erschlossenen durch äußerst kräftige, affektuelle Kristallisationen unbedingter Apotropie. Eine soziale Ontologie wäre demnach denkbar, die die Phänomene kollektiver Gestimmtheit und ursprünglicher Affektivität thematisieren würde. Die sich abzeichnende apriorische oder philosophische Sozioanthropologie kann allerdings ein völkisches Profil einnehmen; sie kann aber auch sich zentrieren, wie bei Girard, um rituelle Kanalisierungen der ursprünglichen Gestimmtheit des Kollektivs, das sich in der Umklammerung des mimetischen Wunsches vorfindet und den drohenden Ausbruch panischer Gewalt durch symbolische Abriegelungen bannt. So würde daseinsanalytisch eine ursprüngliche Struktur vorliegen, welche die gründenden, die Transzendenz des Sozialen stiftenden Opferrituale der Gemeinschaft motivieren würde. Hiermit wäre eine daseinsanalytische Interpretation von Theorietypen der Sozialwissenschaft umrissen und glaubhaft gemacht, welche die *Möglichkeit eines Zugriffs auf den Ursprung des Sozialen* behaupten. Die ursprünglich affektiv, d.h. stimmungsmäßig gegebene Erschlossenheit von Welt für das Dasein enthält den *Entwurf einer philosophischen Sozioanthropologie*, sofern jene *Erschlossenheit* immer *„rhetorischer"*, d.h. stimmungshaft-öffentlicher *Natur* ist. Die Urgestik der Welteinräumung fällt mit der emphatisch-symbolischen Einhegungsgestik der affekterlebten gemeinschaftlichen Welt zusammen.

Die analytische These der Welt-Erschlossenheit durch und in der Gestimmtheit des Daseins hat somit für die Fragestellung der sozialwissenschaftlichen Tragweite eines daseinsapriorischen Konzepts wie

---

116 Siehe: Durkheim 1960, Girard 1972, und Vergleichbares bei Burkert 1987. Eine sozialwissenschaftliche Formulierung der Thesen Girards hat Jean-Pierre Dupuy versucht (1992).

des Heideggerschen ganz entscheidende Folgen. Es könnte eine *affektphilosophische Grundlage* bieten für alle soziologischen Ansätze, welche die prototheoretische Ebene des Sozialen in einer Sinn- und Affektgenetik der Gesellung ansteuern.

Meine These ist hier, dass es noch eines letzten Denkzugs bedarf, um zum eigentlich apriorischen Gedanken der Erschlossenheit vorzudringen. Dieser Zug ist ein doppelter: zunächst gilt es, wie wir es bislang exerziert haben, den vorgestellten Ansatz gegen die weitergehende Differenzforderung einer differenzialistischen Soziologie wie der Luhmannsche zu halten; alsdann wird der nicht weiter differenzierbare Kern der existenzialen Erschlossenheit als das Problem des infrasozialen – oder, was hier das Gleiche ist, suprasozialen – Welthorizonts offenbar.

Die Luhmannsche Theorie hält wieder einmal die schärfsten Mittel für die Zersetzung aller ontologische Einheit postulierenden oder subreptisch wiedereinführenden Konzepte bereit. Wenn man den systemischen Ansatz Luhmanns mit den hier zitierten vergleicht, so fällt die *de-ontologisierende Ökonomie* seiner Theorieanlage auf. Luhmann entscheidet sich nämlich für ein vollkommen *abstraktes, formales Konstrukt zur Generierung der Sozialität*: die *Figur der „doppelten Kontingenz"*[117]. Diese Figur ist frei sowohl von aller Diachronie sowie von aller Apriorität. Sie enthält keine genealogischen Motive und verzichtet auf jeden Zugriff auf den Ursprung. Sie versucht keine letzte Auskunft in der Diachronie zu holen und verweilt im Umkreis einer strukturellen Synchronie von sich selbst reproduzierenden Systemen. Sie schildert, wie die Kommunikation in Gang kommt und sich am Laufen erhält, *nicht trotz* Intransparenz der kommunizierenden Bewusstseine für einander, *sondern* gerade *ihretwegen*. Intransparenz und Paradoxie der verschränkten, einander zirkulär voraussetzenden Erwartungen und Erwartungserwartungen der an der Kommunikation Beteiligten sind die generative Matrix der Kommunikation selbst – und keineswegs die sie hemmenden Faktoren. Die synchrone Strukturfigur der doppelten Kontingenz von aneinander Sinnofferten durch Mitteilungen richtenden und in Verstehensakten annehmenden oder verweigernden Kommunikanten ist die eigentlich generierende Struktur. Sie lässt sich, und dies ist ihre theorieökonomische Leistung, aus dürftigsten, sinn-, wert- und affektneutralen Schematismen

117 Entwickelt zunächst bekanntlich durch Parsons und Shils 1951.

konstruieren. Sie wäre in diesem beschreibungstheoretischen Sinne ursprünglicher, d.h. auf vergleichbarem Niveau der Voraussetzungsintensität produktiver als die affektiv spezifizierten Strukturen[118].

Man könnte jedoch einwenden, dass es Affekte, Situationen, Aktaufbauten gibt, die als solche am Ursprung der Gesellung sichtbar gemacht werden können. Dies gerade würde dann den nur-differenziellen Zugriff auf das Soziale als verkehrt erscheinen lassen. Der Differenzialismus vergleichgültigt eine solche Frage de facto, da es tatsächlich alles gibt, was ein Beobachtungsstandpunkt zu sehen gibt. Die einzig *leitende Maxime bei der Wahl von Beobachtungsstandpunkten* unter Bedingungen spätmoderner Wissenschaftsproduktion, ist die, dass jene Beobachtungen vorzuziehen sind, die *Differenz und Paradoxie nicht verwischen*, sondern verwahren. Das heißt, dass die Ansätze vorzuziehen sind, die ihre eigene *stützlose Selbstreferenzialität sichtbar sein lassen.* Differenzialistische Theorien verzichten prinzipiell auf die Aussicht, solch einer nicht in die Kreishaftigkeit der Beobachtung mit einbezogenen Wirklichkeit habhaft zu werden.

Bei einem systemtheoretischen Abbau der affektorientierten Ansätze zur Genealogie des Sozialen kann ein Theoriestück aus der funktionalistischen Soziologie bemüht werden. Es geht um die Unterscheidung zweierlei Arten von Situations- oder Systemstabilisierung, die unter sich als äquifunktional fungieren können: der funktionalen und der emotionalen Stabilisierung. Es ist dann ein Leichtes zu zeigen, wie die funktionale Differenzierung der Gesellschaft seit Anfang der Moderne einen stetigen *Niedergang der affektgestützten Stabilisierungen* mit sich bringt zugunsten funktionaler Stabilisierungsformen. Die Sozialität scheint sogar fast ohne Affektmobilisierungen in ihren Primärbereichen der Wirtschaft, des Rechts, der Kunst etc. auszukommen. Massive emotionale Mobilisierungen in der Politik erscheinen als archaisch und machen einen schlechten Eindruck. In der Religion und der Politik gilt die Emphase selbst als funktionseigen und sie wird als solche akzeptiert oder geduldet. Gesellschaftliche Stabilisierungen – und dies ist der Vollzug selbst von Gesellschaftlichkeit – funktionalisieren emotionale Momente und integrieren sie in die Prozesse sowohl des Aufbaus als auch des Abbaus von Differenz. Insgesamt ergibt sich ein analoges Bild wie das oben gezeich-

---

118 Ihr Ansatz ist typisch mit dem Saussureschen einer synchronischen Systemdimension der Sprache verwandt, die unberührt von allen diachronischen Bedingtheiten die Sprachspiele strukturell bestimmt.

nete von der *Überholung einheits- und geschichtsorientierter Ansätze durch eine faktische Variation*, welche die anthropologischen Invarianten aufhebt.

Die *Apriorisierung der Erschlossenheitsmotive der Gesellung erscheint wiederum als überflüssig*. Eine soziologische Theorie ist denkbar und ausführbar, die mit den reinen Differenzen der doppelten Kontingenz und ihren strukturbildenden Verhaltensrelationierungen auskommt.

5. Das Weltproblem als Problem der Grenze zu einem Außen der Sozialität

Sollte unser Argument hier aufhören, so wäre die anfängliche Frage nach der Bedeutung der Daseinsanalytik für die Sozialwissenschaft folgendermaßen zu beantworten:

1. Die *Daseinsanalytik* wird *von* der *Apriorität* ihres Ansatzes belastet und weist von daher eine re-ontologisierende Tendenz auf, die ihrem eigenen Projekt zuwiderläuft. Jedes Mal, wo sie an den differenzialistischen Ansatz Luhmanns gemessen wird, erscheint sie eher solidarisch mit noch alteuropäisch geprägten Verständnissen des Sozialen. Sie teilt mit ihnen einen *spekulativ-totalisierenden Charakter*, der im Kontext einer immer differenzialistischer gestalteten Welt-, Gesellschafts- und Wissenschaftskonstruktion ihre Plausibilität mindert.
2. Positiv ist jedoch der Beitrag der Daseinsanalytik zur sozialwissenschaftlichen Anthropologie[119]. Diesen Beitrag zu umreißen heißt auf die Frage zu antworten: Was würde man in dieser Disziplin anders verstehen, wenn man *Sein und Zeit* nicht kennte? Man würde die Kreativität von Kulturen (Intersubjektivitäten) aus der entwerfend-überschreitenden Grundgestik des Daseins nicht verstehen[120]. Das *Interesse der Daseinsanalytik* liegt in der *Wiedergewinnung des aktivischen, urmotorischen Entwurfscharakters des Da- und Mitseins* und der Herausarbeitung der projektivischen Dimension des Menschseins. Die welteröffnende Urmotorik korreliert mit

119 Die philosophische Anthropologie, die in den ersten Jahrzehnten des 20. Jahrhunderts – mit Autoren wie Jaspers, Scheler, Löwith – so hoffnungsvoll erschien, wird heute kaum noch vertreten. Dies erklärt sich aus der quasi-methodischen Umstellung aller Wissenschaft auf Differenz und der Entplausibiliserung der meisten kognitiven Projekte, die auf Erfassung von Sinngesamtheiten gerichtet sind.

120 Diese Gestik ist eine Urmotorik, die respiratorisch und rhythmisch getragen ist. Eine rhythmologische (genauer, sprach-rhythmologische) Interpretation dieser Gestik hat Marcel Jousse (1974) geliefert.

Grundgesten, welche die anthropologische Realität schaffen und kulturell je anders prägen. Anstatt den Menschen zu verstehen wie einen Aktor, der mit seiner Kultur wie mit einer „Devices"-Ausstattung in der Welt vorkommt und die ihm von ihr gestellten Überlebensaufgaben löst, wird der Mensch als entfernend-ausrichtendes weltgestaltendes Wesen verstanden, das seine Orientierung und Sinngebung aus den Affektquellen der Weltöffnung, die er als Dasein ist, schöpft[121].

Wie sind diese Einschätzungen vereinbar? Lässt man die De-ontologisierungsforderung fahren und versöhnt man sich mit der Apriorizität des Ansatzes umwillen seiner deskriptiven Gehalte? Ich meine, dass eine apriorisch-existenziale Ebene angezeigt werden kann, die, wenn man die Linie zwischen zweierlei Ebenen der Apriorität genau zeichnet, von der Differenzforderung nicht angefochten wird. Wenn die *Erschlossenheitsanalytik tief genug ansetzt* – was sie auch in *Sein und Zeit* tut –, um die Gestimmtheit und Befindlichkeit des Daseins nicht nur als öffentlich-kommunikative zu deuten, dann kann in ihr eine Art *Unterschreitung der Sozialität* vollzogen werden. Eine solche Unterschreitung birgt ihrerseits entscheidende Einsichten in die Emergenz der Sozialität. Solange wir die Daseinsanalytik am Leitfaden der Sozialität – sowohl entlang der Entschlossenheits- als auch der (öffentlichen) Erschlossenheitsproblematik – aufgerollt haben, solange sind wir aprioristisch überspannten, die De-ontologisierungsforderung unterbietenden Theoriegestalten begegnet. Die Daseinsanalytik scheint somit für die Sozialwissenschaft von dem größten Interesse zu sein, wo sie die Artikulation der Sozialität an etwas, was sie nicht ist, herausarbeitet: nämlich da, wo sie als philosophische Grenzanalytik des gesellschaftlichen Seins auftritt.

Differenzialistische Theoretisierungen aller möglichen Gegenstandsbereiche – oder aller möglichen unterscheidungsgenerierten

121 Ein weiterer Beitrag kommt der Psychosoziologie moderner Individualität zugute. Die Man- und Eigentlichkeitsanalysen, wenn man sie von ihrem apriorisch-universellen Anspruch entkleidet, sind deskriptiv von der größten Triftigkeit. Wenn man sie auf den historisch-gesellschaftlichen Rahmen der modernen Problematik der Individualisierung projiziert, ergeben sich wertvolle Einsichten in die moderne Dialektik von Individualisation und Sozialisation. Da wir aber die Entschlossenheitsproblematik an den De-ontologisierungsanpruch einer sich darin sehr weit vorwagenden Sozialwissenschaft gemessen haben und feststellen mussten, dass sie ihm keineswegs genügt, sind wir nicht weiter auf ihre deskriptiven Vorzüge eingegangen.

Beobachtungsbereiche – betonen die Kontingenz (i.e. Andersmöglichkeit) ihrer Konstruktionen. Sie lassen vor allem deren *Selbsreferenzialität* erkennen und werfen ein allgemeines Grenz-Problem auf. Selbsreferenzielle Konstrukte oder auch autopoietische Systeme[122] sind *hohlrunde Strukturen*, die von innen nie überschritten werden können: man weiß, dass sie Grenzen haben, dass man hart an sie gelangen, aber sie nie überschreiten kann. In und mit diesen Systemen (ob Sinn, Sprache, Wirtschaft oder Recht etc.[123]) kann man nicht über sie hinaus dringen. Gleichwohl sind die Grenzen solcher Systeme keine entfernten, an ihren Enden einfach vorhandenen, erst bei weit ausgreifenden Vollzügen zu begegnenden Schranken. Sie sind das unmittelbare Korrelat des Systembestands, des positiv determinierten, von allem anderen unterschiedenen Systemgegenstands. Sie sind die andere Seite der Unterscheidung, welche den Systembereich gebiert – oder wie Luhmann mit Spencer Brown sagt, die andere Seite der Form. Sie werden insofern in jedem Systemvollzug reflektiert. Der Systemvollzug selbst ist nichts anderes als ein laufendes Prozessieren der Unterscheidung System/Umwelt – oder Selbst/Nicht-Selbst – in den Termini oder Operationen des Systems. Das *Grenz-Problem* ergibt sich also *als ein der selbstreferenziellen Systematizität* immanentes, strukturelles, *konstitutives Problem.*

Wir haben gesehen, dass die de-ontologisierten differenzgenerierten Gegenständlichkeiten der postontologischen Realität in ihrer Stützlosigkeit selbstgenügsam sind. Sie sind es aber nur insofern, als sie das ihnen Äußere, von ihnen Ausgeschlossene in sich reflektieren. Das Problem der Grenzen ist das einer Paradoxie des Wissens um und des Vollziehens einer Grenze, die nicht überschritten oder von außen erfahren werden kann. Von genau demselben Typus ist das Problem der Privatwelten oder der Nichtüberschreitbarkeit der Sprache bei Wittgenstein. Luhmann gibt diesem Problem eine der elaboriertesten Fassungen. Er sieht in ihm nicht nur eine Perplexität des

122 Wir unterscheiden hier nicht genau zwischen Selbstreferenz und Autopoiese, obgleich Versuche zur Konstruktion einer klaren Abstufung der reflexiven Referenzialität und der autopoietischen Geschlossenheit vorliegen. Ähnlich weitergehende, nur den fortgeschrittenen Luhmannianern verständliche Unterscheidungen würden unsere Darstellung eher verwirren als ihrer Verständlichkeit zugute kommen.

123 Wir legen Verschiedenes zusammen: Systeme und Medien. Es geht wiederum hier weniger um deren Unterscheidung als um deren gemeinsamen konstitutiven Zug der Inwendigkeit aller ihrer Referenzen.

Denkens, die da und dort auftaucht, wo versucht wird, sehr starke theoretische Konsistenzen herzustellen. Für ihn weist es auf ein unumgängliches Letztproblem, das wir das Weltproblem nennen können. Dieses *Weltproblem ist das akuteste Grenz-Problem*: die *Welt* ist der allumfangende Horizont aller Systeme und Grenzen. Sie ist die letzte Grenze und muss im Rahmen einer Differenztheorie *als die* – in allen Grenzen erscheinende – *Grenze schlechthin* gelten. Beim Weltproblem haben wir es nicht einfach mit einer Wiederholung des Grenzproblems zu tun, sondern mit dessen Kommen zu einem zwar sich stets differierenden, aber unentrinnbaren Abschluss. Es ist dies die Stelle in der Luhmannschen Theorie, wo die analytische Herausarbeitung von Zirkularität und Paradoxie über sich hinaus in die Richtung einer neuartigen, *legitimen* Fragestellung verweist. Darauf kommen wir gleich wieder zurück. Wir halten im Augenblick nur dies fest: Es gibt ein in jeder Unterscheidung pochendes Grundproblem der Grenze als Problem der unendlichen Reflexion der Selbstbegrenztheit (Immanenz) bei Wissen um die Grenze (den Unterschied Immanenz-Transzendenz[124]).

Die Heideggersche Erschlossenheitsanalytik stellt sich, wenn man sie in den Termini ansetzt, die ich hier vorschlage, als eine den rein analytisch-deskriptiven Boden, im eben eruierten Sinne, legitim verlassende philosophische Fragestellung dar. Sie darf eine Apriorizität vindizieren, die nicht mehr re-ontologisierend sein muss. Mit der *Erschlossenheit* gelangen wir an eine Phänomenschicht, die, könnte man sagen, *infrasozial und teilweise infrasemantisch* ist. Sie zeigt einen weltinauguralen Bereich an, der vor der (immer und nur sinnhaften) Kommunikation liegt. Die Welt wird eröffnet in einem unbestimmten Gefühl von Selbstbefindlichkeit und Aufgehen von Weite und Dauer. Die Dinge sind ["noch"]nicht geschieden, weder von einander noch von deren Gefühl im Dasein. *Die Sinnautopoiese des Bewusstseins* – sowie der Kommunikation – *wurzelt in* einem solchen Bereich und setzt ihn voraus. Sie ist dieser Bereich nicht, noch kann sie ihn, wenn sie in ihrem Selbstvollzug ihre Begrenzung durch ihn in sich reflektiert, erschöpfen. Die *welterschließende urtümliche Affektregung des Daseins* ist kein System und kreist nicht in sich wie eine autopoietische Struktur. Sie ist die Grenze, die als letzte Differenz alle Systeme

124 Die Unterscheidung von Immanenz und Transzendenz entspricht, nach Luhmanns Theorie (einer sozialen Funktion) der Religion, der primären Unterscheidung des Religionssystems.

nährt. Im Gegensatz dazu ist etwa die Sinnautopoiese des Bewusstseins ein Denken von Gedanken (Sinn), das nur auf weiteres Denken von Gedanken verweisen kann und weder bewusste Inhalte noch Relationen von außerhalb seiner selbst importieren noch in ein solches Außerhalb exportieren kann[125]. Der Affektbereich der *Welterschlossenheit ist authentisch apriorisch* in dem Sinne, dass er allen anderen selbstorganisierenden Bereichen des Seienden vorausgeht. Nicht so als ob er vor ihnen irgendwo bestünde und sie dann sich auf ihn aufbauten – vom Leben hinauf zu Bewusstsein und Kommunikation. Er ist die Weltgrenze eines jeden dieser Bereiche, wann immer und wie immer sie gegeben sind.

Luhmann hat den genialen Gedanken einer *Scheidung von Kommunikation und Bewusstsein* entwickelt und gezeigt, dass beide Bereiche autopoietisch operieren, obgleich es keine Kommunikation ohne Bewusstsein – sowie kein Bewusstsein ohne Leben (Gehirn) – gibt[126]. Jeder Bereich ist ein autopoietischer Bereich der Sinnpoiese. Jeder weist ein spezifisches, strukturell gemeinsames Grenz-Problem auf. Es ist dies das Problem des Außerhalb-des-Sinnes und der Begrenzung des Sinnbereiches. Kommunikation (d.i. soziale Sinngebung) ist unwahrscheinlich und sie setzt Bewusstsein voraus, woran sie strukturell gekoppelt ist. Aber *Bewusstsein kann*, und dies ist eine These, die die Luhmannsche Intention überschreitet[127], *der Kommunikation entsteigen* und auf sich selbst zurückfallen. In sich ist das Be-

---

125 Sinninhalte können dem Bewusstsein und der Kommunikation gemeinsam sein, werden aber in jeder dieser Autopoiesen anders vernetzt und relationiert. Die systemtheoretische Betrachtung kennt nur Operationen, und insofern ist die Rede von Inhalten immer dahingehend zu präzisieren, dass sie stets auf Vollzüge oder Aktualitäten bezogen werden müssen – und nicht auf die daraus entstandenen erkalteten, zu elementaren Einheiten abgesunkenen Objekte.

126 Peter Fuchs (1995) hat in einer systemtheoretischen Studie über Autismus diesen Gedanken weitergeführt und gezeigt, wie Bewusstsein und Kommunikation verschränkt sind.

127 Luhmann ist meines Wissens nie auf die Problematik eines radikal einsamen, vorkommunikativen Bewusstseins eingegangen. Ein solches Bewusstsein wäre vorsprachlich – da Luhmanns Theorie zufolge Sprache die strukturelle Kopplung zwischen Bewusstsein und Kommunikation leistet. Die Schwierigkeit ist dann, sich eine *Sinn*poiese vorzustellen, die vor aller Sprache und Kommunikation stattfindet. Autismus wäre ein brisantes Phänomenalfeld für solche Hypothesen. Doch in der oben zitierten Studie von Fuchs wird autistisches Bewusstsein sehr überzeugend und einprägsam als ein Problem der Kopplung von Bewusstsein und Kommunikation verstanden. Die Hypothese eines vorkommunikativen Bewusstseins wird nicht erwogen. Ich versuche hier in der Uraffektivität die Spuren eines solchen festzustellen.

wusstsein nicht immer als forum internum strukturiert. Die Sinnprozessierungen, die in ihm stattfinden, sind nicht immer fingierte Gespräche mit anderen oder mit sich selbst. Das Bewusstsein kann sich auf eine nicht-kommunikative, ebenso selbstreferenziell geschlossene Sinnpoiese wie die kommunikative zurückziehen. Es kann *seine Sinnbildung stärker aus den Schichten der Selbst- und Weltaffiziertheit nähren.* Es kann an die Welt-Grenze kommen, die Sphäre der Kommunikation unterschreiten und sich der Urerschlossenheit der Welt in der Affektbefindlichkeit hingeben.

Denkbar ist also ein einsames Bewusstsein, jedoch nicht in dem Sinne eines Individuums, der eine eigene Autonomie gegenüber der kommunikativen Gemeinschaft behält. Es geht hier nicht um die Abweisung eines sinnholistischen Soziologismus. Vielmehr liegt das Erschlossenheitsphänomen auf einer Ebene, die weder Individuen noch Kollektive kennt. Es ist eine *vorkommunikative Sphäre*, in der Handeln und Erleben noch nicht geschieden sind, und wo die weltöffnenden Vollzüge weder angeeignet noch zugeschrieben werden können. An der Welterschließung ist nicht nur Bewusstsein mit seinen Sinnsynthesen beteiligt, sondern vornehmlich die unkristallisierte Affektivität des Weltempfindens. Die Erschlossenheit beansprucht nicht primär das ausgeformte, semantisch durchdrungene Affektleben, das in der Kommunikation äußerst fein elaboriert werden kann. Die *Affekte des Weltempfindens* sind kaum nennbar und eine Kultur wie die romantische, die sich um sie zu artikulieren versucht hat, behalf sich mit Bezeichnungen wie „je ne sais quoi", „vague" oder „ennui". Sowohl im Hinblick auf die Affektivität als auch auf das Bewusstsein muss die Betrachtung der Erschlossenheit ursprünglichere, weiche Stadien ihrer Ausgestaltungen heranziehen. Manche Affekte haben die präzisen Konturen von Begriffen, und Bewusstsein prozessiert semantische Inhalte, die in die abstrakteste Kommunikation unverändert eingehen können. Hingegen, muss hier Bewusstsein vergegenwärtigt werden als jener *Sinnwirbel*, der zustande kommt, als animalisches Leben komplexere Formen des *Selbstgefühls* auszubilden anfängt. Ihm liegt dann eine Affektunterlage zugrunde, die der überwältigten Ahnung und dem Taumel näher liegt als subjektzentrierten, ausgestalteten Affekten wie Liebe, Hass – oder Entschlossenheit.

Lévi-Strauss hat eine sozusagen *„hapaktische" Vorstellung von der Emergenz des Sinnes* vorgeschlagen: die Eröffnung der Welt in ihrer Bedeutsamkeit geschieht „auf einmal" („moment où l'Univers entier, d'un seul coup est devenu *significatif*"[128]). Es ist wie der Aufgang eines neuen Weltalters, mit dem die Welt von der Natur zur Kultur übergeht. Die Kultur ist nicht in einem Zustand der graduellen Heranreifung aus ihrer natürlichen Unterlage vorstellbar. Mischformen von Sinn (i.e. Bedeutsamkeit) und Nicht-Sinn sind nicht denkbar, weil Sinn ein selbstreferenziell geschlossenes Medium ist[129]. Sinn ist nichts anderes als Verweisung auf anderen Sinn und Sinninhalte sind nichts weiteres als Sinnrelationen. Element und Relation sind im Kontext von autopoietischer Selbstreferenz nicht scheidbar. Nirgends lässt sich so etwas wie eine für sich bestehende Sinneinheit oder ein Sinnelement setzen, das sich folglich mit etwas Nichtsinnhaftem mischen könnte. Nirgends lässt sich Sinn festhalten oder anzeigen, wo nicht zugleich die ganze Autopoiesis des Sinnes gegeben ist. Und wo Autopoiesis gegeben ist, entsteht ein hohlrunder Raum[130], der für sich besteht bei Reflektierung seines Außen in sich selbst. Alle *differenzgenerierten Ganzheiten sind unüberschreitbare Perspektiven oder Innenräume*, die durch die Reflexion ihrer Geschlossenheit, ihrer Immer-und-nur-Aufsichverwiesenheit eine formelle Identität mit sich selbst verhindern. Es sind unruhige selbstorganisierende Objekte, die keinen Bestand haben außerhalb dieser ihrer unlösbaren Verflechtung zwischen Innen(ordnung) und Außen(lärm).

Die hapaktische Auffassung erscheint berechtigt und kann in die Nähe der in der Systemtheorie behaupteten „unbiegsam harten" Alternative zwischen geschlossener Selbstreferenzialität und allen anderen Formen der Strukturierung von Gegenständen gestellt werden[131]. Selbstreferenz ist eben ein Ganzes, das nicht in Teilen zu haben ist. Sobald die geringste Sinnspur gegeben ist, ist das ganze Universum des Sinnes geboren. Dies wird in den *Theorien der Selbstreferenz* thematisiert und man bemüht sich um Modelle der Kopplung zwischen ähnlich organisierten Bereichen. Wichtig ist in unserem

128 In Mauss 1950, S. XLVII.

129 Medien und Systeme sind beide geschlossen, aber nicht identisch. Systeme bestehen aus Operationen, Medien sind hingegen ein instrumentaler Umkreis, worin diese Operationen stattfinden.

130 Der nicht sphärisch geschlossen ist, weil er, obgleich autopoietisch, nicht in der Weise auf sich verweist und in sich steht, als ob nichts außer ihm wäre. Er schließt sich durch Einkurvung an der Grenze zum von ihm Unterschiedenen oder Ausgeschlossenen.

131 Siehe zur Debatte innerhalb der systemtheoretischen Rechtssoziologie, die Gradualisten – wie Teubner – und Inflexibilisten – wie Luhmann – scheidet, Teubner 1989, insbes. das Kapitel Das Recht – ein Hyperzyklus? S. 36-60.

Zusammenhang, dass diese Theorien uns so etwas *zu denken erlauben* wie *anfängliche Affekte und kommunikationabgewandtes, einsames Bewusstsein.* Denkbar werden auch vorindividualisierte Affekte und Bewusstseinszustände, wie sie z.B. die Jungsche Psychologie des Unbewussten zu thematisieren gesucht hat[132]. Hier wird vorsprachlich, rein bildlich erlebt. Die Bilder sind Symbole im Sinne von wirksamen Affekten (psychische Energeiai[133]), die das Bewusstsein stimulieren oder im Traumerlebnis etwa überfluten können. Die *Welterschließung* muss gedacht werden als ein inauguraler Prozess, der auf einer *affektuell magmatischen Tiefenlage* stattfindet. Ungleich jedoch der tiefenpsychologischen Betrachtung, wird hier keine Welt vorausgesetzt, in der das Affektleben stattfindet. Die welterschließenden Affekte sind nicht in einem Bewusstsein vorhanden, das seinerseits in einer Welt vorkommt. Das Affiziertwerden ist die Bewegung selbst der Weltentstehung.

Problematisch bleiben jedoch alle *Formen des Erlebtwerdens der Uraffektivität.* Denn sie ereignen sich in der Welt und vergegenwärtigen jedoch ihren eigenen Aufgang. Die Welt erscheint somit ihrerseits unter zwei allotropischen Gestalten: einerseits, als umliegende umfassende Ganzheit der Dinge, in der sich das Dasein als immer schon eingerichtet vorkommt; andererseits, als ein schief zu diesem Habitat und der alltäglichen Besorgung seiner Anliegen sich einstellender Raum, der die intentionale Ausrichtung auf die Besorgenswelt bricht, das Dasein in sich aufsaugt, und es die Einräumung der Dinge als Offenbarwerden der Ab-gründigkeit von Welt empfinden lässt. Das Aufscheinen der zweiten Weltgestalt durch die erste hindurch führt ins Herz der Affiziertheit des Daseins. Das *Welterleben* insgesamt besteht aus dem Ineinander dieser beiden Gestalten und ist dadurch

---

132 Das Jungsche Unbewusste ist in unserem Sinne genauso wenig kollektiv wie die uraffektive Erschlossenheitsebene individuell ist. Hier wäre also unsere sachliche und begriffliche Präzisierung zum theoretischen Entwurf einer Uraffektivitätsdimension interessant für die Anschließung der Jungschen Theorie an einen breiteren theoretischen Kontext. Sie könnte manche fehlgehende Interpretation der Jungschen Psychologie verhindern und hätte eine heilsame Wirkung auf das Verständnis des Begriffs einer kollektiven psychischen Dimension.

133 Wir gehen hier nicht auf die Problematik der Gerichtetheit dieser Energeiai ein. Dass sie sich zu spezifischen symbolischen Gestalten und Dramen entsprechend einer energetischen Ökonomik zusammenschließen, bleibt außerhalb unserer Betrachtung. Wichtig ist hier nur zu unterstreichen, dass der uraffektive Bereich ein solcher der symbolischen Sinnhaftigkeit und der ihr zugehörigen Erlebensweisen ist.

stets *doppelbödig*. Zunächst und zumeist dominiert die eine vertraute Besorgensgestalt. Niemals ist aber die andere ganz abwesend. Sie macht die Stimmungsgrundlage aus, welche der ersten ihre existenzielle Qualität gibt und sie dem Grundbereich der großen Seinsmatrizes („der Mütter") nähert. Bei völligem Zurücktreten der tiefliegenden Affektionsmodi gibt es keinerlei Welterleben mehr. In bestimmten Lagen drängen sich diese in den Vordergrund und überwältigen das Dasein und sein konfidentes Weltbesorgen. Sie halten die *weltannähernde und -vertrautmachende Kommunikation* auf und bedingen einen Rückfall des Daseins in immer einsamere Sinn- und Sinnaffektpoiesen. Die Kommunikation scheint funktionsmäßig und hauptsächlich auf die Zudeckung der unheimlichen, alle sinnkommunikative Stimulation ausschaltenden Befindlichkeiten ausgerichtet. Solche *Befindlichkeiten* leeren das Dasein, machen es innerlich resonant, und *offenbaren* ihm die *tiefe uraffektuelle Eigenschwingung*, die kein selbstvergessenes, wie auch gegenstandverlorenes Leben zum Stillstand bringt. Sie ist das, was in ihm weiter pocht, wenn alles andere zum Schweigen gekommen ist. Sie kann mit Divertissement und Man-Verfallenheit übertönt werden, bricht aber durch deren Stillstände unaufhaltsam durch. Mit ihr streicht das Weltempfinden an den Tag. Die *Kommunikation* scheint *auf ein Betreiben von Welt angelegt* zu sein, *die ein zu starkes Hinauftauchen des affektiv-urtümlichen*, dumpf-ängstigenden, taumelnd-schmerzenden *Erschlossenheitserlebens verhindern sollte.*

Vergegenwärtigungen oder Einbrüche der Uraffektivität sind krisenhaft, weil sie zu einem Abbruch in der Steuerbarkeit der Erlebensintensität führen. Eine solche *Vergegenwärtigung der Uraffektivität* mit Freiwerden der unkonturierten, urtümlichen Energeiai des Weltempfindens stellt der *Gedanke an den Tod* dar. Solange dieser Gedanke *sinnkommunikativ gestaltet* ist, *verdeckt er die Paradoxität der Welt*, die der Tod selber als Überschritt der Weltgrenze und Aussetzung der affizierenden Welterschließung in sich kristallisiert. Gerät der Gedanke außer dem Band der weltbetreibenden Kommunikation, so kann das Bewusstsein in urtümliche Affekte zurückstürzen. Das Jenseits der Welt erscheint dabei weiterhin als Welt, aber als kommunikationsenteignete Welt. Ein völliges Abstrahieren von aller Weltlichkeit – eine Vorstellung des Nichts – gelingt nicht. Die sich regende symbolische Energetik der Uraffekte kann durch kontrolliertes Denken beliebig weit verdünnt werden, es kommt nicht zur Annihilierung der Weltvorstellung. Der *Versuch des Überschritts der Welt-Grenze führt zu den affektiven Einbildungen des Weltaufgangs zurück.* Das Erleben von Weltanfang und Weltende sind verschwistert. Tote werden vorgestellt als Phantome, die ein einsames, schemenhaftes Leben führen. Sie irren ohne Gemeinschaft. Sterbende sterben jemeinig, indem die Öffnungen, die das Bewusstsein auf die Menschenwelt geöffnet hatte, eine nach der anderen zugehen. Die Bitterkeit des Grabes ist die der Versenkung in einen Ozean von Schwärze. Dieselbe Affektsubstanz nährt das Aufgehen und das Zugehen der Welttüren[134]. Der Trost kann nur ein rein gedanklicher sein: im gepflegten Gespräch vom Tod, das wie zu Tusculum[135] das älteste philosophische Argument bemüht: Tote sind tot und nur Lebendige empfinden; Tote können daher die Bitterkeit des Todes nicht spüren, da sie jedes Sinnes beraubt sind. Die *Befreiung von der Todesangst* ist *ein intellektuelles Exerzitium*, das immer wiederholt werden muss, damit die Vorstellung eines Endes der Affektion sich dieser selbst einprägt.

Fassen wir zusammen. Die Erschlossenheitsanalytik ist in unseren Augen eine prägnante Formulierung dieser Weltgrenzproblematik. Heideggers Weltbegriff hat nicht nur die analytische Paradoxität, die von der Luhmannschen Theorie gefordert und wiederholt herausgearbeitet wird; er überschreitet die protologischen, bloß abstrakten, unendlich in sich oszillierenden Strukturen, die immer dann auftauchen, wenn sich Unterscheidungen oder Beobachtungen auf sich selbst anwenden, um sich und ihre Grenzen festzustellen. Der *Weltbegriff hat eine Substanz*, er ist kein bloßer formaler, wie unentrinnbar und intens sich auch immer einstellender, regressus (circulosus) ad infinitum; keine blanke Paradoxie – des Sinnes, des Denkens, des Unterscheidens. Die *Substanz der Welt ist die Welthaftigkeit des Daseins* – und die Daseinshaftigkeit der Welt. Welt und Dasein sind das Selbe *als Urvollzug einer affekthaften Dämmerung von Befindlichkeit.* Dies nennt Heidegger gleichermaßen: Aufgang von Welt und Angang von Dasein. Das Treffen, die Begegnung von Welt und Dasein im Selben,

---

134 Eins der eindruckvollsten Zeugnisse einer „extremen Erfahrung" (wie Bataille selbst sagt) der Welttodesgrenze ist Batailles „expérience intérieure" (in Bataille 1973). Besonders interessant für unseren Zusammenhang ist die Bestätigung bei Bataille der von uns geschilderten affekuellen Selbigkeit von Weltaufgang und -zugang; sowie die von Bataille als Erfahrungsbericht gegebene genaue Registrierung der Windungen, die von den Paradoxien des Wissensstrebens zur Weltgrenze führen und ihre schmerzlichste Erfahrung mit der Entblößung (dénuement) und der Ausgeliefertheit der Sinnlosigkeit von Welt einleiten.

135 Cicero, Tusculanae disputationes.

heißt bei ihm Transzendenz. Das Transzendieren des Daseins zu einem Anderen über eine Grenze ist die Welt. Es ist das Sich-selbst-vorkommen des Daseins in der Uraffiziertheit. Und dies: Welt=Transzendenz=Affiziertheit ist nichts, was am (zeitlichen) Anfang der Welt geschieht, einmal geschehen ist und von dessen Vorgängigkeit her die bestehende Welt fortläuft. Der Weltanfang oder -aufgang ist stets im Vollzuge: Welt weltet unausgesetzt. Dieser Vollzug erfolgt nur nicht in der Zeit, sondern gibt Zeit. Die Uraffektion nährt alle höheren Synthesen und Systeme, indem sie die Welt einräumt und zeitigt.

Welt ist damit der Aufgang von Sinn aus etwas Umfangenderem und Ursprünglicherem. Sie ist die Verschränkung von Sinn und Nicht-Sinn. In ihrem eigentlichen verbalen Sinn – von Welt als Weltung – ist sie das allem Erleben und Handeln in der Welt zugrundeliegende, es nährende urtümliche Weltempfinden. Dieses kann als solches durch das laufende Welterleben und Weltbetreiben völlig verdeckt werden. Ein so alertes Denken wie das Luhmannsche zeigt in diese Richtung, ohne auf die Substanz von Welt einzugehen. Dies überlässt er anderen Funktionssystemen – als dem sein Denken verortenden Wissenschaftssystem. Für ihn ist die soziale Welt zwar der Umkreis aller Sinnproduktion. Sie ist der autopoietisch geschlossene Horizont allen Sinnes. Im Gegensatz aber zu *Bourdieu*, der in den *Méditations pascaliennes*[136] eine ***totale und exklusive Verantwortung der Gesellschaft für die Sinnproduktion*** reklamiert, weist *Luhmann* auf die ***unverwischbare Paradoxie der Weltgrenze*** und damit auf die Unausfüllbarkeit des Lochs, das von den Windungen dieser Paradoxie an den Grund aller Sinnpoiesen gebohrt wird. Dies verleiht natürlich den um ihre Deutung und Behandlung artikulierten Sinnsysteme der *Religion* – und seit der Spätmoderne der *Kunst* als „Weltkunst" – eine *funktionale Legitimität.*

Unsere Untersuchung zeigt im *Rückblick* die Stimmigkeit ihres umsichtigen Verlaufs. Wir haben mit der Anzeige der Motive angefangen, die Wissenschaft und Philosophie zur De-ontologisierung ihrer Ansätze und Gegenstände drängen; wir haben dann die Gestalt einer postontologischen Theorie, wie sie sich aus dem weitestgehenden differenzialistischen Projekt der Sozialwissenschaft ergibt, rekonstruiert. Wir befanden uns damit im Besitz eines sehr strengen Maß-

---

136 Zitiert von Johannes Weiß a.a.O.

stabs, der einen besonders hohen differenzialistischen Anspruch an die Theorien und Denkansätze stellte, die uns interessieren. Heideggers Daseinsanalytik, in verschiedenen ihrer Stücke, wurde dann an diesem Standard gemessen. Wir hielten uns daran, keins dieser Stücke als wahrhaft sozialwissenschaftlich instruktiv gelten zu lassen, das diesem Maßstab nicht genügte. Eins nach dem anderen fielen diese Stücke als aprioristisch und subreptisch normierend der Kritik an ihrem noch eidetischen Zuschnitt anheim. Die philosophische Analytik schien nichts mehr herzugeben als ungebrochen-spekulative, überaus massive Einsichten.

Dem gegenüber bot sich die Alternative einer gründlich deontologisierten, interdisziplinär dynamisierten, alle Sinnproduktion in ihren autopoietisch-gesellschaftlichen Prozessen auf beliebig hoher Reflexivitätstufe erfassenden Theorie der Gesellschaft. Es drohte ein Überflüssigwerden der Philosophie und eine Delegitimierung ihres Fragens nach ersten, vorweltlichen Gründen. Erst der *Durchbruch zur Problematik der Welterschlossenheit* unterhalb ihrer öffentlichen Dimension hat eine Ebene freigelegt, auf der apriorische Ansätze wieder Sinn machten. Allein das Gelingen der Anzeige und dann des Kontakts[137] mit der Weltsubstanz macht diese erfahrbar. Allein die *Erfahrbarmachung der Substanz des Weltproblems* zeigt auf einen realen Überschuss des Sinnes hin, der die gesellschaftlichen, kreishaft geschlossenen Sinnpoiesen übersteigt. Im Kontext postontologischer Reflexivierung ist sie damit die einzige *Schranke*, auf die die eigendynamisch getriebene *Totalisierung der soziologischen Fragestellung* stößt.

137 Im Sinne der neuplatonischen „hapsis".

IV. Die Forderung nach Philosophie

Abschließend sollen die meines Erachtens wichtigsten Motive, welche die Philosophie auf den Plan einer Auseinandersetzung mit der Luhmannschen Theorie rufen, angerissen werden. Der Reiz einer solcher Auseinandersetzung liegt gerade in der Postüre der herausfordernden Theorie: sie lässt es auf das von ihr gezeitigte Intellektionsgeschehen ankommen und sieht kein Interesse in einer vom Prinzipiellen her argumentierenden Diskussion. Wir wollen uns auf diese Einstellung einlassen und die Verungültigung der Theorie aus einer philosophischen Gesamtposition heraus vermeiden[138].

1. Meine erste These ist, dass die Luhmannsche *Theorie massive analytische Klärungen fordert.* Viele ihrer Grundbegriffe sind weit entfernt davon, analytische Klarheit oder Bewährtheit zu besitzen. Ohne von vornherein kritisch zu sein, kann eine solche Bemühung in ihren ersten Anläufen rein theorie-immanent durchgeführt werden. Die Theorie verlangt von sich aus nach einem ständigen Ausprobieren: durch ihre eigene Konstruktionsweise, ihre polykontextualisierende Zusammensetzung aus inkongruenten Theoriestücken, die Vervielfältigung und Mobilisierung ihrer Unterscheidungen, gibt sie keine Gewähr für eine *konsistente Zusammenfügung ihrer Bestandteile.* Wie harmonieren, in der Tat, solche Stücke wie die Husserlsche Sinntheorie mit dem Bühlerschen Kommunikationsbegriff, der Parsonssche Funktionalismus mit Derridascher Dekonstruktion, die neue evolutionstheoretische Synthese mit konstruktivistischen Ansätzen etc.? Schon die konsistente, aufschlussreiche Betreibung des drei- oder vielgliedrigen Kommunikationsbegriffs im Sinne einer autopoietischen Zirkularität bereitet Luhmann und seinen Nachfolgern größere analytische Mühe.

---

138 Landgrebe (1975) versucht so feinfühlig und nuanciert vorzugehen, wie es die von ihm sehr positiv gewürdigte Theorie verlangt, und vermeidet strikt jede philosophische Aburteilung. Nach detaillierter Rekonstruktion der systemtheoretischen Grundbegriffe ermittelt er ganz im Sinne des phänomenologischen Verständnisses des Verhältnisses von erster Philosophie und positiver Wissenschaft eine klassische Forderung der Systemtheorie nach Philosophie: sie kann sich selbst nicht die Gründung ihrer Grundbegriffe (insbes. Sinn, Selbst, Gesellschaft) leisten und bedarf deswegen einer transzendentalphilosophischen Fundamentierung.

Diese Asperität und Unabgeschlossenheit der Theorie, die stets für eine temptative Weiterentwicklung offen bleibt, ist mit ein Reiz zu ihrer Beanspruchung. Gleichwohl, indem man bei dieser positiven, immanenten Weiterbetreibung der Theorie ansetzt und versucht, ihre analytische Klarheit zu erhöhen, stößt man sehr schnell auf ihre philosophischen Problematiken. Und hier nimmt Klärung endgültig eine *philosophische Wendung* an. Denn es stellt sich an diesen Stellen zunächst die – oben angezeigte – Frage nach der Möglichkeit von Anleihen philosophischer Grundbegriffen (wie Sinn oder Welt), die dann ihren Herkunftszusammenhängen entfremdet und von ihren wesentlichen Bezügen zur Gründungsbewegung des Denkens entledigt werden. Überall setzt Luhmann mit der Aufstellung von schlicht apodiktischen Aussagen an, die sehr oft einer äußerst klaren und einfachen Formulierung von Thesen und Prämissen entsprechen, die aus anderen Theorien (ob Wissenschaft oder Philosophie) importiert werden. Dies ergibt einen kristallinen Stil der Darstellung, der aber das Versäumnis der Frage nach dem Ursprung der Begriffe, der Quelle ihrer Evidenz und der Adäquität ihrer Einfügung an der bestimmten Stelle in die Gesamttheorie verdeckt. Sie werden zusammen mit Ausschnitten aus den theoretischen Stücke, denen sie entstammen, einfach thetisch-apodiktisch hingestellt und weiterentwickelt. So werden z.B. die Axiome des Logikkalküls Spencer Browns fraglos übernommen und in den ganz anders gearteten Zusammenhang einer eben nicht formalisierten, nicht axiomatisch-deduktiv gebauten Theorie eingefügt. Das Ergebnis ist ein Reflexivitätsverständnis, das die Denkwege der philosophischen Fragestellung souverän verlässt[139].

Inwiefern dies sich aber rechtfertigt, ist keine Frage der Theorie. Ihr Verfahren ist durchwegs temptativ und die Frage nach dessen Legitimität entscheidet sich erst im Ergebnis: entweder entfaltet der Ansatz eine Fähigkeit zur Förderung von Intellektion und kristallisiert sich dadurch um gewisse Konsistenzeigenwerte oder nicht. Die Frage nach Berechtigung und Adäquität der Anleihen ist somit nicht a priori entscheidbar, sondern koppelt sich mit dem bewährenden Funktionieren des aufgebauten theoretischen Netzwerkes. Dennoch bleibt *besonders problematisch* ein Typus von importierter Theorie, näm-

---

139 Ähnlich kritisiert Wagner (1994, 238) den willkürlichen Gebrauch, den Luhmann von den *Laws of Form* macht, die dann unverbindliche „Anregungen" vermitteln.

lich jener, der apodiktische Aussagen einführt, die Anfangsgründe aller Theorie bezeichnen. Ich meine *die protologischen Aussagen*, die den Spencer Brownschen Ansatz übergreifen, um die Kybernetik zweiter Ordnung einzubeziehen und in eine Urlogik der Beobachtung und ihrer Reflexivität einzumünden. Die hier benutzten apodiktischen und apagogischen Figuren stiften eine große Verwirrung. Es werden vielfältige *Problematiken des Bedingens von Ermöglichung vermischt* und verwechselt. Inwiefern ist die Tatsache, dass man nicht gleichzeitig etwas Sehen und sein eigenes Sehen davon sehen kann, umformulierbar in der Form eines Bedingungszusammenhangs, der das Nicht-Sehen zur „Bedingung der Möglichkeit" des Sehens macht? Inwieweit ist ferner ein solcher Zusammenhang vergleichbar mit der Ermöglichungsbedingtheit von Selbstidentität durch Wiedereintritt der Unterscheidung von Selbst und Nicht-Selbst in das Selbst? Gibt es einen Bezug zwischen der protologischen und der transzendentalen Ermöglichungsbedingtheit?[140] Was unterscheidet sie? Luhmanns Theorie erweist sich oft als zu leichtsinnig freizügig[141]. Sie ruft unumgehbare Fragen wie die folgenden hervor: Was soll genau die Sache mit dem Beobachter? Mit der Brownschen Protologik?[142] *Ersetzt* eine beobachtungstheoretisch interpretierte *Protologik alle Protophilosophie*? Oder ruft sie sie gerade hervor? Sollte dies der Fall sein, wie sähe eine protologisch initiierte Protophilosophie aus und wie würde sie ihren Diskurs von den injunktiv-urparadoxen Anfängen der Protologik absetzen? Das sind unmittelbar philosophisch

140 Unsere Kritik trifft sich mit der scharfsinnigen Schultes (1993: 41 und 52).

141 F. Englisch (1991, S.197) trifft auf dieses einfach „logische Motiv", das z.B. Systeme zur Invisibilisierung ihrer Selbstreferenz bewegt. Das Gewicht der Logik wird dann überwältigend, wenn solche zentralen Prozesse, die am Fundament der gesellschaftlichen Differenzierung liegen, eben „logisch" bedingt werden – F. Englisch erkennt, in dem genannten Zusammenhang, ein zusätzliches politisches Motiv.

142 Ausbund der Ungeklärtheit dieses logischen Konzepts ist die, wie Luhmann es selber zugibt, „etwas rätselhafte Operation des re-entry" (1992c: 156). Sie hat für sehr viel Verwirrung gesorgt und treibt ihr Unwesen in der Luhmann-Schule weiter. Ihre Vieldeutigkeit müsste hier entschiedene Klärungsversuche hervorrufen. Sie ist für Schulte (1993: 58 et passim) der Deckname des blinden Flecks der Theorie selbst – das, was den Tod zu sehen verhindert. Schulte (ibid. 115ff.) rekonstruiert die spirituelle Welt der Brownschen Logik und zeigt ihre Bezüge zu einer mythisch-kybernetischen Lehre von der Wiedergeburt – ist also weit davon entfernt, die schlichte Apodiktizität ihrer Aussagen, wie sie bei Luhmann auftreten, at face value zu nehmen.

relevante Fragen, um die sich eine philosophische Rezeption artikulieren muss.

Es wird somit spätestens mit dem Einbau philosophischer und protologischer Theoriestücke zu klären sein, inwiefern eine so radikal konstruktive und differenzorientierte Theorie in den Stücken, wo sie sich am weitesten in der Konsolidierung ihrer universalistischen Freizügigkeit und ihres endlos paradoxen Wiedereintritts in sich selbst vorwagt, den Sog einer ergründenden Bewegung eludieren kann. Selbst wenn wir jedoch annehmen, dass die *Elusion der Ergründung* ihr bei der Radikalität ihres Ansatzes immer möglich bleibt, so fragt sich, ob sie damit nicht zu einer immer stärkeren Konstruktivität verurteilt wird, die ihre Kategorien und Begriffe zunehmend verdunkelt und die Produktion ihrer Einsichten hemmt. Eine solche Theorie müsste dann notwendig *oszillieren zwischen höchster* (Intellektions)*Kraft und tiefster* (Intellektions)*Unkraft*: dieselbe Theorie in ihren selben Stücken wird zu einer Zeit für intensivste intellektuelle Überraschung mit hohen Informationsgewinnen sorgen; während sie zu einer anderen Zeit, mit aus der Unklärbarkeit ihrer Begriffe steigenden Verdruss, wie beraubt all ihrer Mittel da stehen wird, und dabei die ständigen Aushöhlungen ihrer Anlagen mit weiteren Konstruktionen nicht wird wettmachen können.

Die dringlichste *Aufgabe der Philosophie* vor einer solchen Theorie wäre also deren *Beobachtung aus noch höherer Warte*, ausgehend von einem Staunen um ihr eigentümliches Gebilde und Dasein. Dies Staunen soll dann zu den analytischen Klärungen anregen, die bald eine philosophische Wende einleiten. Sodann könnte eine solche Beobachtung die Theorie unter ihrem philosophisch interessantesten Aspekt in den Blick bekommen, nämlich als eine höchst spezifische reflexive Theorieform, welche eine unübersehbare Herausforderung der postmetaphysischen Philosophie darstellt. Geht man dieser Gestalt von Theorietheorie nach, können sich dann Einsichten einstellen wie jene in das Wie ihrer eigentümlichen Oszillation zwischen höchster intellektueller Potenz und kraftraubender Verwirrung am eigenen Weiterbau.

2. Eine andere, positive Forderung nach Philosophie ist in der Luhmannschen Theorie enthalten. Sie ist explizit und entsteht nicht aus einem Bedürfnis nach ergründend-reflektierender Kontrolle einer allseitig geradewegs fortschreitenden Theoretisierung. Wir haben sie

oben als das *Weltproblem* angezeigt. Wir haben gesehen, dass die Theorie an der Stelle der Kreuzung ihrer letzten Unterscheidung von Gesellschaft (Sinn) und Welt (Sein) über sich hinausweist. Die Frage, die sich nun stellt, ist die nach dem Wohin dieses Hinausweisens. Luhmanns Antwort ist klar: die Weltproblematik ist *unausweichlich* und hat einen *ausdifferenzierten Ort* innerhalb der gesellschaftlichen Kommunikation: die *Religion* als ein Sinnsystem, das für die Verarbeitung der Unterscheidung von Immanenz und Transzendenz zuständig ist. Ein weiterer Ort der kommunikativen Verarbeitung des Weltproblems wäre auch die „*Weltkunst*" der Moderne, welche in ihrem Sehen die Nicht-Sehbarkeit der Welt mitreflektiert.

Sieht aber die Luhmannsche Theorie keinen Platz für die Philosophie in dieser funktionalen Spezialisierung auf das Weltproblem vor? Luhmanns spärliche Aussagen zu dieser Frage sind widersprüchlich. Einerseits scheint er der Philosophie die *Zuständigkeit für* die Entwicklung *apriorischer Ansätze* vorzubehalten[143]. Da aber apriorische Denkformen von funktionaler Differenzierung und diffenrenzialistischer Theorie ausgehöhlt und antiquisiert werden, entpuppt sich dieses Arrangement eher als eine Konzession von Unzuständigkeit. Die Geste wäre hier ein sich die Hände waschen vom Schicksal dieser sperrigen, schwer plazierbaren Disziplin. Luhmann scheint es vorzuziehen, sie bei ihrem traditionellen Geschäft zu belassen und keine Stellung bezüglich ihrer Legitimität noch ihrer gesellschaftlichen Funktion zu nehmen. In diesem Sinne fasst er sie wie ein eigentümliches alteuropäisches Gebilde an, das aber so dornig ist, dass man ihm lieber fernbleibt. Andererseits, weist er der Philosophie die heute funktional relevante *Aufgabe einer Destruktion aller metaphysisch-ontologischen Gebilde* in Denkstruktur und Semantik zu. Ihr Programm ist dann das einer Dekonstruktion, für die *Derridas* Philosophie paradigmatisch ist[144].

---

143 „Die Ambition einer gemeinsamen Grundlage, eines Grundsymbols, eines Abschlussgedankens muss aufgegeben werden – bzw. den Philosophen überlassen werden. Die Soziologie findet … nicht zu dem, was Hegel Geist genannt hatte. Sie ist keine Geisteswissenschaft" (Luhmann 1997: 1122).

144 Ein paar Seiten vor seinem Ausspruch zur Überlassung der apriorischen Denkweise an die Philosophie schreibt Luhmann (1997: 1111) von der notwendigen Kritik der ontologischen Metaphysik, sie sei eine „Aufgabe, derer sich heute vor allem Jacques Derrida angenommen hat." Eine Aufgabe, die also voll in den Bereich der Philosophie fiele.

Verglichen mit anderen funktional ausdifferenzierten Systemen wie Recht, Politik oder Wirtschaft, müssen die Systeme, die sich um das Weltproblem artikulieren, eine weit *komplexere Form der Selbstverortung* aufbringen. Während für jene Systeme die Sichtbarkeit ihrer Funktionalität ihrem Operationssinn keinen Abbruch tun, erleiden Systeme, die von der Letztparadoxie der Unerreichbarkeit der Welt in der Welt getrieben werden, eine starke Verunsicherung, wenn sie offen funktionalisiert oder instrumentalisiert werden. Daher ist für sie eine besondere, über die in den anderen Systemen laufend geübte Entparadoxierung ihrer Selbstreferenz hinausgehende Aufgabe, sich selbst zu situieren. Religion, Weltkunst und Philosophie[145] haben respektive einen schaudernden, herausfordernden und ergründend-forschenden *Bezug zu einem Irrelativierbaren.* Dieser Bezug macht zwar aus ihnen keine absoluten, selbst irrelativierbaren Sinnordnungen, aber bleibt in ihnen unverwischbar und fixiert sie in einer Zugehörigkeit zu dem, was das Soziale als die allen Sinn produzierende, alleinsame Gesamtintersubjektivität der Gesellschaft übersteigt[146]. Diese Bewegung des Überstiegs, wenn sie auch gesellschaftlich subsystemisch-funktional verortet ist, kann nicht von ihrer Funktionsleistung her verstanden werden und in ihr vollständig aufgehen. Sie *exzediert strukturell Gesellschaft* und wird daher in eine andersgeartete, letztlich noch komplexere Reflexivität als die der anderen Systeme einbezogen. So muss die Philosophie, von ihrem zentralen Bezug zum Weltproblem her, eine *mindestens gleich hohe Reflexivität* wie die Theorie der

145 Die Unterschiede zwischen Religion und Kunst in ihrem Bezug zum Weltproblem sind vielfältig und komplex. Für R. Pfeiffer (1998) liegt der Hauptunterschied darin, dass die Kunst auf das Weltproblem mit einer „Anregung zum Beobachten" antwortet, während Religion auf „das Unbeobachtbare als solches" geht. An derselben Stelle der Schlussbetrachtung ihres Buches über *Philosophie und Systemtheorie* fährt Pfeiffer mit der Feststellung fort, dass „für Luhmann die Philosophie keinen eigenen Ort,... keine eigene Aufgabe mehr hat" (104). Dem entgegen reklamiert sie aus philosophischer Perspektive eine Eigenberechtigung von Philosophie als einer Besinnung, die im Gegensatz zur Systemtheorie „ihre eigenen Voraussetzungen einholen" und sie „als die unvorgreifliche und unverfügbare Möglichkeit von Welt" thematisieren kann. Wie wir es zeigen, lässt sich die höhere Reflexivität der Philosophie nicht ohne weiteres begründen – da die Systemtheorie von sich aus zu Extremen der Selbstinvolution vorgedrungen ist. Die Überhöhung der Systemtheorie erfolgt durch die auf sich zurückkehrende, ergründende Bewegung der Klärung der Grundbegriffe einerseits, und durch den von der reinen Involution dezentrierenden Bezug zum Weltproblem, andererseits.

146 Außerhalb der Gesellschaft gibt es keine Kommunikation mehr, keine kommunikativen sinnproduzierenden Systeme mehr. Siehe zu dieser Figur eines *hen kai pan* der Sinnproduktion Luhmann 1997b: 890.

Gesellschaft beanspruchen. Sie ist so wie diese auf alles Wissen offen und kann beliebige Wissensbestände in ihre Reflexion integrieren. Zusätzlich aber kann das *Weltproblem für sie substanziell* werden: als Problem der Letztgrenze und deren Kreuzung kann es mehr hergeben als es das im Bezugsrahmen einer konstruktivistischen Theorie tut, wo kaum mehr darüber gesagt werden kann, als dass es es, wie einen unaufhebbaren blinden Fleck, gibt. Die Welt und ihr Problem könnten sich verdichten zu einer Realgegenwart des Unbedachten, die der Religion und der Philosophie einen positiven Inhalt gibt. Die apophatische Bewegung der Selbstzersetzung des Denkens im Umkreis der Transzendenz kann dann dem Abwesenden zum Grunde aller Anwesenheit eine spezifische – wenn auch dunkle – Offenbarkeit geben. Offenbar würde damit auch die Bewegung, die den Blick immer mehr auf die gesellschaftlichen Prozesse der Sinnbildung einengt, um zuletzt alle Sinnfragen an die Soziologie zu überantworten.

Bibliographie

Baier, Horst, Soziologie als Aufklärung – oder die Vertreibung der Transzendenz aus der Gesellschaft. Niklas Luhmann zum 60. Geburtstag, Konstanzer Universitätsreden 168 Konstanz 1989.

Bataille, Georges, La somme athéologique (Bd. I: L'expérience intérieure, Méthode de méditation, Post-scriptum 1953, Le couplable, L'alleluiah), in: Œuvres Complètes, Bd. V Paris 1973 (Gallimard).

Baudrillard, Jean, Le crime parfait, Paris 1995 (Galilée).

Bender, Christiane, Identität und Selbstreflexion. Zur reflexiven Konstruktion der sozialen Wirklichkeit in der Systemtheorie von Niklas Luhmann und im symbolischen Interaktionismus von G. H. Mead, Frankfurt a. M. 1989.

Bergler, Andreas, Kommunikation als systemtheoretische und dialektische Operation: ein Beitrag zum Verhältnis von Hegel und Luhmann, München 1999 (Utz).

Brücher, Gertrud, Epistemologisch – systemtheoretische Überlegungen zur Überwindung der Dichotomie von „Sinn" und Natur, in: Archiv für Rechts- und Sozialphilosophie 75/1989/502-516.

Burkert, W., Girard, R., Smith, J. Z., Violent Origins: Ritual Killing and Cultural Formation, in: Hamerton-Kelly, R. C., Hg., 1987 (Stanford UP).

Cassirer, Ernst, Substanzbegriff und Funktionsbegriff, Darmstadt 1976.

Clam, Jean, Phénoménologie et droit chez Niklas Luhmann: De la déphénoménologisation de la sociologie à la dépolémisation du droit, in: Archives de Philosophie du Droit, Tome 39, année 1995, Paris 1995 (Dalloz), S. 335-377.

Clam, Jean, System's Sole Constituent: the Operation. A Proposal for Clarifying a Central Concept of Luhmannian Theory, in: Acta Sociologica, Vol. 43, 1 / 2000, S. 63-79.

Derrida, Jacques, La dissémination, Paris 1972 (Seuil).

Derrida, Jacques, Limited Inc., Paris 1990 (Galilée).

Derrida, Jacques, La voix et le phénomène,Paris 1993 (Presses Universitaires de France).

Derrida, Jacques, Force de loi, Paris 1994 (Galilée).

Dupuy, Jean-Pierre, Introduction aux sciences sociales: Logique des phénomènes collectifs, Paris 1992 (Ellipses).

Durkheim, Émile, Les formes élémentaires de la vie religieuse, (4. Aufl.) Paris 1960 (Presses Universitaires de France).

Eley, Lothar, Transzendentale Phänomenologie und Systemtheorie der Gesellschaft, Freiburg 1972 (Rombach).

Ellrich, L., Die Konstitution des Sozialen. Phänomenologische Motive in N. Luhmanns Systemtheorie, in: Zeitschrift für philosophische Forschung, 46/1992/24-43.

Ellrich, Lutz, Semantik und Paradoxie, in: Germanistik und Komparatistik DFG-Symposion 1993 Hg. H. Birus Stuttgart Weimar 1994, 378-398.

Ellrich, Lutz, Negativity and Difference: On Gilles Deleuze's Criticism of Dialectics, MLN 111/1996/463-487.

Ellrich, Lutz, Entgeistertes Beobachten: Desinformierende Mitteilungen über Luhmanns allzu verständliche Kommunikation mit Hegel, Ms. 1999.

Englisch, F., Strukturprobleme der Systemtheorie – Philosophische Reflexionen zu Niklas Luhmann, in: Müller-Doohm, St. (Hg.), Jenseits der Utopie. Theoriekritik der Gegenwart, Frankfurt a.M. 1991 S. 196-235.

Frank, Manfred, Was ist Neo-Strukturalismus?, Frankfurt a. M. 1983 (Suhrkamp).

Fuchs, Peter, Die Erreichbarkeit der Gesellschaft: Zur Konstruktion und Imagination gesellschaftlicher Einheit, Frankfurt a. M. 1992 (Suhrkamp).

Fuchs, Peter, Die Umschrift: Zwei kommunikationstheoretsiche Studien: „japanische Kommunikation" und „Autismus", Frankfurt a. M. 1995 (Suhrkamp).

Fuchs, Peter, Moderne Kommunikation: Zur Theorie des operativen Displacements, Frankfurt a. M. 1993 (Suhrkamp).

Giddens, Anthony, „Living in a Post-Traditional Society", in: Beck U., Giddens, A., Lash, S., Reflexive Modernization: Politics, Tradition and Aesthetics in the Modern Social Order, Cambridge 1994 (Polity Press).

Giddens, Anthony, Modernity and Self-Identity: Self and Society in the late Modern Age, Stanford 1991 (Stanford University Press).

Girard, René, La violence et le sacré, Paris 1972 (Grasset).

Grimm, K., „Soziologische Aufklärung" oder das Elend der aprioristischen Soziologie, Hamburg 1974.

Gripp-Hagelstange, H., Vom Sein zur Selbstreferentialität. Überlegungen zur Theorie autopoietischer Systeme Niklas Luhmanns, in: Deutsche Zeitschrift für Philosophie 39/1991/80-94.

Gross, Helmut, System oder Struktur? Zu einer Luhmann/Rombach-Diskussion, in: Philosophisches Jahrbuch 96/1989/95-114.

Habermas, Jürgen, Der philosophische Diskurs der Moderne: Zwölf Vorlesungen, Frankfurt a. M. 1988 (Suhrkamp).

Haesler, Aldo, Sociologie de l'argent et postmodernité: Recherche sur les conséquences sociales et culturelles de l'électronisation des flux monétaires, Genève 1995 (Droz).

Haferkamp, H., Schmid, M., Hg., Sinn, Kommunikation und soziale Differenzierung: Beiträge zu Luhmanns Theorie sozialer Systeme, Frankfurt a. M. 1987 (Suhrkamp).

Hahn, Alois, Kontingenz und Kommunikation, in: Poetik und Hermeneutik XVII Kontingenz, hg. Graevenitz, G. v., Marquard, O., München 1998 (Fink Verlag).

Hahn, Alois, Sinn und Sinnlosigkeit, in: Haferkamp, H., Schmid, M., Hg., Sinn, Kommunikation und soziale Differenzierung: Beiträge zu Luhmanns Theorie sozialer Systeme, Frankfurt a. M. 1987.

Heidenescher, M., Zurechnung als soziologische Kategorie. Zu Luhmanns Verständnis des Handelns als Systemleistung, in: Zeitschrift für Soziologie 21/1991/440-455.

Hofstadter, Douglas R., Gödel, Escher, Bach: An Eternal Golden Braid. A Metaphorical Fugue on Minds and Machines in the Spirit of Lewis Caroll, London New York 1979.

Husserl, Edmund, Die Krisis der europäischen Wissenschaften und die transzendentale Phänomenologie, Husserliana Den Haag 1969.

Jensen, Stefan, Im Kerngehäuse, in: Konstruktivismus und Sozialtheorie, Delfin 1993, Hg. Rusch, G., Schmidt, S. J., Frankfurt a. M. (Suhrkamp).

Jonas, Hans, Gnosis und Spätantiker Geist. Teil 1: Die mythologische Gnosis, Teil 2: Von der Mythologie zur mythischen Philosophie, Göttingen 1934 (Teil 1), 1954 (Teil 2).

Jousse, Marcel, L'anthropologie du geste, Paris 1974 (Gallimard).

Kneer, G., Nassehi, A., Verstehen des Verstehens: Eine systemtheoretische Revision der Hermeneutik, Zeitschrift für Soziologie 20-5/1991/341-356.

Kneer, G., Nassehi, A., Niklas Luhmanns Theorie sozialer Systeme: Eine Einführung, München 1993 (W. Fink Verlag).

Krämer, S., Form als Vollzug oder: Was gewinnen wir mit Niklas Luhmanns Unterscheidung von Medium und Form, in: Rechthistorisches Journal 17/1998/558-573.

Krause, Detlev, Luhmann-Lexikon: Eine Einführung in das Gesamtwerk von Niklas Luhmann, 2. Aufl. Stuttgart 1999 (Enke Verlag).

Krawietz, W., Welker, M., Hg., Kritik der Theorie sozialer Systeme: Auseinandersetzungen mit Luhmanns Hauptwerk, Frankfurt a. M. 1992 (Suhrkamp).

Krüger, Hans-Peter, Selbstreferenz bei Maturana und Luhmann: Ein kommunikationorientierter Vergleich, in: Deutsche Zeitschrift für Philosophie 40/1992/474-489.

Ladeur, Karl-Heinz, Auflösung des Subjekts in der differenziellen Bewegung der Funktionssysteme? Zum Konzept einer „relationalen" Persönlichkeit in einer heterarchischen Gesellschaft, in: Archiv für Rechts- und Sozialphilosophie 80,3 / 1994 / S. 407-425.

Landgrebe, Lugdwig, Der Streit um die philosophischen Grundlagen der Gesellschaftstheorie, Rheinisch-Westfälische Akademie der Wissenschaften, Vorträge G 204, Opladen 1975.

Lévi-Strauss, Claude, Introduction à l'œuvre de Marcel Mauss, in: Mauss 1950, IX-LII.

Luhmann, Niklas, Soziologie der Moral, in: Theorietechnik und Moral, hg. Luhmann N., Pfürtner, Stephan, Frankfurt a. M. 1978 (Suhrkamp).

Luhmann, Niklas, Gesellschaftsstruktur und Semantik: Studien zur Wissenssoziologie der modernen Gesellschaft 4 Bde, Frankfurt a. M. 1981-1995 (Suhrkamp).

Luhmann, Niklas, Soziale Systeme, Frankfurt a. M. 1984 (Suhrkamp).

Luhmann, Niklas, Grundrechte als Institution: Ein Beitrag zur politischen Soziologie, 2. Aufl. Berlin 1986 (Duncker und Humblot).

Luhmann, N., Fuchs, P., Reden und Schweigen, Frankfurt a. M. 1989.

Luhmann, Niklas, Liebe als Passion: Zur Kodierung von Intimität, 5. Aufl. Frankfurt a. M. 1990 (Suhrkamp).

Luhmann, N., Maturana, H., Namiki, M., Redder, V., Varela, F., Beobachter: Konvergenz der Erkenntnistheorien, (2. Aufl.) München 1992a (Beck).

Luhmann, Niklas, Bemerkungen zu „Selbstreferenz" und „Differenzierung" aus Anlass von Beiträgen im Heft 6, 1992b, der Zeitschrift für Soziologie, in: Zeitschrift für Soziologie 22-2/1993a/141-146.

Luhmann, Niklas, Beobachtungen der Moderne, Opladen 1992c (Westdeutscher Verlag).

Luhmann, Niklas, Zeichen als Form, in: Probleme der Form, hg. Baecker, D., Frankfurt a. M. 1993b (Suhrkamp).

Luhmann, Niklas, Gesellschaft als Differenz: Zu den Beiträgen von Gerhard Wagner und von Alfred Bohnen in der Zeitschrift für Soziologie Heft 4 (1994), in: Zeitschrift für Soziologie 23-6/1994/477-481.

Luhmann, Niklas, Die neuzeitlichen Wissenschaften und die Phänomenologie. Vortrag im Wiener Rathaus am 25. Mai 1995, Wien 1996.

Luhmann, Niklas, Die Autopoiesis des Bewußtseins, in: Soziologische Aufklärung 6, S. 55-112, Opladen 1997a.

Luhmann, Niklas, Die Gesellschaft der Gesellschaft, Frankfurt a. M. 1997b (Suhrkamp).

Mauss, Marcel, Sociologie et anthropologie, Paris 1950 (Presses Universitaires de France).

Meuter, Norbert, Narrative Identität: das Problem der personalen Identität im Anschluss an Ernst Tugendhat, Niklas Luhmann und Paul Ricoeur, Stuttgart 1995 (M&P).

Nassehi, Armin, Wie wirklich sind Systeme? Zum ontologischen und epistemologischen Status von Luhmanns Theorie selbstreferenzieller Systeme, in: Krawietz/Welker 1992., S. 43-70.

Nassehi, Armin, Die Zeit der Gesellschaft, Opladen 1993a (Westdeutscher Verlag).

Nassehi, Armin, Das Identische „ist" das Nicht-Identische: Bemerkungen zu einer theoretischen Diskussion um Identität und Differenz, in: Zeitschrift für Soziologie 22-6/1993b/477-481.

Neckel, S., Wolf, J., The Fascination of Amorality: Luhmann's Theory of Morality and its Resonances Among German Intellectuals, in: Theory, Culture and Society Vol. 11, 2/1994/66-99.

Obermeier, Otto-Peter, Zweck, Funktion, System: kritisch konstruktive Untersuchung zu Niklas Luhmanns Theoriekonzeptionen, Freiburg München 1988 (Alber).

Parsons, T., Shils, E., Toward a General Theory of Action, Cambridge Mass. 1951.

Pfeiffer, Ricarda, Philosophie und Systemtheorie: Die Architektonik der Luhmann'schen Theorie, Opladen 1998 (DVU).

Rasch, William, Luhmanns Widerlegung des Idealismus? Constructivism as a two-front war, in: Soziale Systeme 4, 1/1998/151-159.

Reese-Schäfer, Walter, Luhmann: Zur Einführung, Hamburg 1992 (Junius).

Rombach, Heinrich, Substanz, System, Struktur, Freiburg 1965.

Sandywell, Barry, Logological Investigations I,II,III., London 1996 (Routledge): Vol. 1: Reflexivity and the Crisis of Western Reason 1996. Vol 2: The Beginnings of European Theorizing: Reflexivity in the Archaic Age, 1996. Vol 3: Presocratic Reflexivity:The Construction of Philosophical Discourse c. 600-450 BC.

Saussure, Ferdinand de, Cours de linguistique générale. Ed. critique de Tullio de Mauro, avec une postface 1985,Paris 1985 (Payot).

Schmid, Hans-Bernard, „Europa" und die „Weltgesellschaft": Zur systemtheoretischen Kritik der transzendentalen Phänomenologie, in: Soziale Systeme 3, 2/1997/271-288.

Schulte, Guenter, Der blinde Fleck in Luhmanns Systemtheorie, Frankfurt a. M. 1993.

Spaemann, Robert, Niklas Luhmanns Herausforderung der Philosophie, in Paradigm lost: Über die ethische Reflexion der Moral, Frankfurt a. M. 1989 (Suhrkamp).

Spencer Brown, George, Laws of Form, 1. Aufl. 1969 London (Allen Unwin).

Srubar, Ilja, Vom Milieu zur Autopoiesis. Zum Beitrag der Phänomenologie zur soziologischen Begriffsbildung, in: Pöggeler, O., Jamme, Ch., hg.,

Phänomenologie im Widerstreit: Zum 50. Todestag Edmund Husserls, Frankfurt a. M. 1989 (Suhrkamp), S. 307-331.

Staeheli, Urs, Signifying Failures: A Discourse Theoretical Reading of Niklas Luhmann's System Theory, PhD Thesis Essex Aug. 1997.

Sutherland, John W., A General Systems Philosophy for the Social and Behavioral Sciences, New York 1973.

Teubner, Gunther, Ökonomie der Gabe – Positivität der Gerechtigkeit: Gegenseitige Heimsuchungen von System und *différance*, in: Albrecht Koschorke und Cornelia Vismann (Hg.), System – Macht – Kultur: Probleme der Systemtheorie, Berlin 1999 (Akademie), S. 199-212.

Teubner, Gunther, Recht als autopoietisches System, Frankfurt a. M. 1989 (Suhrkamp).

Thomas, Günther, Welt als relative Einheit oder als Letzthorizont? Zur Azentrität des Weltbegriffs, in: Krawietz/Welker, 1992, S. 327-354.

Wagner, Gerhard, Zipprian, Hans, Identität oder Differenz? Bemerkungen zu einer Aporie in Niklas Luhmanns Theorie selbstreferenzieller Systeme, in: Zeitschrift für Soziologie 21/1992/394-405.

Wagner, Gerhard, Am Ende der systemtheoretischen Soziologie: Niklas Luhmann und die Dialektik, in: Zeitschrift für Soziologie 23 (4), 1994, S. 275-291.

Wehrspaun, Michael, Kommunikation und (soziale) Wirklichkeit. Weber, Elias, Goffman, in: Konstruktivismus und Sozialtheorie, Delfin 1993, Hg. Rusch, G., Schmidt, S. J., Frankfurt a. M. (Suhrkamp).

Weiß, Johannes, Einleitung, in: Weiß, Johannes (Hg.), Die Jemeinigkeit des Mitseins. Die Daseinsanalytik Martin Heideggers und die Kritik der soziologischen Vernunft, Konstanz 2001 (UVK).

Wetzel, M., Was kann heutzutage „Ontologie" heißen? Ansatz zu einer integrativen Betrachtung, in: Deutsche Zeitschrift für Philosophie, 40/1992/207-224.

Ziemke, Axel, System und Subjekt: Biosystemforschung und radikaler Konstruktivismus im Lichte der Hegelschen Logik, Braunschweig 1992 (Vieweg).

Zimmer, Heinrich, Maya: Der indische Mythos, Frankfurt a. M. 1978 (Insel).

Zimmermann, K., Die Abschaffung des Subjekts in den Schranken der Subjektsphilosophie, in: Das Argument 31-6/1989/855-870.

Zolo, Danilo, Function, Meaning, Complexity: The Epistemological Premisses of Niklas Luhmann's ‚Sociological Enlightment', in: Philosophy and Sociology of Science 16/1986/115-127.